Dr. Oetker

Blitz
Suppen

Dr. Oetker

Blitz
Suppen

Dr. Oetker Verlag

Vorwort

Jetzt gibt's was auf die Löffel!

Sie lieben Suppen, haben aber nicht die Zeit, herkömmliche Rezepte nach alter Tradition zuzubereiten? Kein Problem, denn in diesem Buch finden Sie über 45 blitzschnell zubereitete Rezepte. Für Suppenfreuden, die in höchstens 30 Minuten appetitlich duftend auf dem Tisch stehen. Gespart wurde an der Zeit, nicht an Geschmack und Aussehen.

Die TopTen der Suppenszene, von Kartoffelsuppe über Hühnersuppe bis hin zur klassischen Linsensuppe sind in einem eigenen Kapitel zusammengefasst.

Rezepte wie Steckrübensuppe mit Salami und Blattpetersilie sind wunderbar geeignet für die kalten, dunklen Tage. Wenn dann der Sommer wieder mit den heißen, langen Tagen erfreut, sorgen kalte Suppen, wie Gazpacho oder Joghurtsuppe mit Knoblaucharticocken für leichten Genuss und Urlaubsgefühle im eigenen Heim.

Ob Sie Alltagstaugliches für die Familie mit Kindern suchen wie z. B. die Käse-Porree-Suppe und die Pizzasuppe, oder etwas Besonderes für liebe Gäste wie die feine Maultaschensuppe. Die Vielfalt ist so groß, dass für jeden Anlass das Richtige dabei ist.

Verwöhnen Sie auf orientalische Art mit der Möhren-Sesamcremesuppe mit knusprigen Bifteki oder der Tomaten-Zwiebel-Suppe. Mediterrane Freuden verspricht die Fenchelsuppe mit Knoblauchbrot, während Sie die Kartoffel-Köttbullar-Suppe nach Skandinavien entführt.

Und ganz selbstverständlich: Alle Rezepte wurden ausprobiert und so beschrieben, dass sie auch weniger Geübten sicher gelingen.

TopTen

1.
Kartoffelsuppe

2.
Tomatensuppe

3.
Hühnersuppe

4.
Käse-Porree-Suppe

5.
Wirsingsuppe mit
Kräuter-Pesto

6.
Pürierte Erbsensuppe
mit Lachs

7.
Bohnensuppe mit
Mettwurst

8.
Minestrone mit
Ricotta-Nocken

9.
Linsensuppe
mit Würstchen

10.
Kürbissuppe mit Rosmarin

Zubereitungszeit: 30 Minuten

4 Portionen • Pro Portion:
E: 4 g, F: 15 g, Kh: 15 g, kJ: 903, kcal: 216, BE: 1,0

Kartoffelsuppe
Vegetarischer Genuss

Zutaten: 350 g mehligkochende Kartoffeln • 1 Zwiebel • 20 g Butter • 1 Lorbeerblatt • 1 l heiße Gemüse-brühe • 150 g TK-Suppengemüse • 125 g Schlagsahne oder 150 g Crème fraîche • Salz • gem. Pfeffer • gerebelter Majoran • ger. Muskatnuss • 2 EL gehackte Kräuter, z. B. Kerbel, Schnittlauch, glatte Petersilie

1. Für die Suppe die Kartoffeln waschen, schälen, abspülen, abtropfen lassen. Kartoffeln in etwa 1 cm große Würfel schneiden. Zwiebel abziehen und in feine Würfel schneiden.

2. Die Butter in einem Topf zerlassen. Zwiebelwürfel und Lorbeerblatt hinzugeben und etwa 1 Minute unter Rühren andünsten. Kartoffelwürfel hinzugeben und mitdünsten lassen. Brühe hinzugießen und zum Kochen bringen. Gefrorenes Suppengemüse hinzugeben, wieder zum Kochen bringen. Die Zutaten etwa 18 Minuten bei schwacher Hitze kochen lassen.

3. Den Topf von der Kochstelle nehmen. Mit einem Kartoffelstampfer die Kartoffel- und Ge-müsewürfel grob zerdrücken. Sahne oder Crème fraîche hinzugeben und unterrühren. Mit Salz, Pfeffer, Majoran und Muskat würzen.

4. Die Kartoffelsuppe in tiefen Tellern oder Suppentassen verteilen und mit den Kräutern bestreut servieren.

Tipps: Nach Belieben zusätzlich Wiener Würstchen in der Suppe erwärmen. Kinder freuen sich über kleine Partywürstchen, die in der Kartoffelsuppe miterhitzt werden. Mögen Sie einen besonders würzigen Ge-schmack, braten Sie zusätzlich einige Speck- und Zwiebelwürfel und geben Sie sie in die Suppe. Im Herbst wird diese Suppe besonders lecker, wenn Sie frische Pfifferlinge putzen, evtl. kurz abspülen, trocken tupfen, in einer Pfanne mit etwas Butter anbraten und in die Suppe geben.

Top 2

Tomatensuppe
Vegetarisch – fettarm

Zutaten: 2 Zwiebeln • 2 Knoblauchzehen • 2 EL Olivenöl • 800 g Tomaten (aus der Dose) • 500 ml (½ l) heiße Gemüsebrühe • 1 Lorbeerblatt • 1 Prise Zucker • Salz • gem. Pfeffer • Cayennepfeffer • gerebelter Oregano • einige Basilikumblättchen

1. Zwiebeln und Knoblauch abziehen, klein würfeln.

2. Das Olivenöl in einem Topf erhitzen. Zwiebel- und Knoblauchwürfel darin andünsten.

3. Tomaten, Gemüsebrühe und Lorbeerblatt hinzugeben. Mit Zucker, Salz, Pfeffer, Cayennepfeffer und Oregano würzen.

4. Die Tomatensuppe zum Kochen bringen und zugedeckt etwa 15 Minuten bei schwacher Hitze kochen lassen.

5. Das Lorbeerblatt entfernen. Die Suppe mit einem Stabmixer pürieren. Tomatensuppe nochmals aufkochen lassen und mit den Gewürzen abschmecken.

6. Die Basilikumblättchen abspülen und trocken tupfen.

7. Die Tomatensuppe in tiefen Tellern oder Suppentassen verteilen und mit den Basilikumblättchen bestreut servieren. Nach Belieben etwas frisch gemahlenen Pfeffer auf die Suppe geben.

Tipps: Dazu schmeckt Ciabatta. Geben Sie einige kleine Mozzarella-Kugeln oder Olivenscheiben in die Suppe. Wer möchte, bestreut die Suppe mit feinen Streifen von Parmaschinken und geriebenem Parmesan.

Zubereitungszeit: 30 Minuten

4 Portionen • Pro Portion:
E: 21 g, F: 1 g, Kh: 18 g, kJ: 709, kcal: 170, BE: 1,5

Hühnersuppe
Schmeckt auch Gesunden

Zutaten: 750 ml (¾ l) heiße Hühnerbrühe • 75 g Langkornreis • 1 Lorbeerblatt • 1 kleines Stück Ingwer • 300 g Hähnchenbrustfilet • 2 Zwiebeln • 1 kleine Stange Porree (Lauch) • 75 g TK-Suppengrün • Salz • gem. Pfeffer • 1 Bund Petersilie

1. Für die Suppe Brühe mit Reis und Lorbeerblatt zugedeckt in einem Topf zum Kochen bringen. Ingwer schälen und hinzufügen.

2. Hähnchenbrustfilet unter fließendem kalten Wasser kurz abspülen, gut trocken tupfen und in etwa 1 ½ cm große Würfel schneiden. Hähnchenbrustfiletwürfel in den Topf geben.

3. Zwiebeln abziehen und fein würfeln. Porree putzen, die Stange längs halbieren, gründlich waschen und abtropfen lassen. Porree in Scheiben schneiden.

4. Zwiebelwürfel und Porreescheiben in die Suppe geben und etwa 15 Minuten bei schwacher Hitze kochen lassen.

5. Gefrorenes Suppengrün in den Topf geben und die Suppe weitere etwa 8 Minuten kochen lassen. Suppe mit Salz und Pfeffer abschmecken.

6. In der Zwischenzeit die Petersilie abspülen und trocken tupfen. Die Blättchen von den Stängeln zupfen. Blättchen klein schneiden.

7. Die Hühnersuppe in tiefen Tellern oder Suppentassen verteilen und mit Petersilie bestreut servieren.

Tipps: Hühnersuppe ist ein Klassiker, der besonders in der Erkältungszeit beliebt ist. Ingwer sorgt für ein wärmendes Gefühl. Nach Belieben können Sie die Suppe zusätzlich mit Currypulver abschmecken.

Top 4

4 Portionen • Pro Portion:
E: 31 g, F: 32 g, Kh: 5 g, kJ: 1798 kcal: 430, BE: 0,5

Käse-Porree-Suppe
Gut vorzubereiten – sahniger Genuss

Zutaten: 500 g Porree (Lauch) • 2 EL Speiseöl • 375 g Gehacktes (halb Rind-, halb Schweinefleisch) •
Salz • gem. Pfeffer • 750 ml heiße Fleischbrühe • 200 g abgetropfte Champignonscheiben (aus dem Glas) •
200 g Sahne- oder Kräuterschmelzkäse • 2 EL Schnittlauchröllchen

1. Porree putzen, die Stangen längs halbieren, gründlich waschen,
abtropfen lassen und in feine Streifen schneiden.

2. Speiseöl in einem großen Topf erhitzen. Gehacktes darin unter
Rühren anbraten. Dabei die Fleischklümpchen mit einer Gabel
zerdrücken. Mit Salz und Pfeffer würzen.

3. Porreestreifen hinzufügen und kurz mit andünsten. Fleischbrühe hinzugießen, zum
Kochen bringen und anschließend zugedeckt
etwa 15 Minuten bei mittlerer Hitze garen.

4. Die Champignonscheiben abtropfen
lassen und hinzufügen. Schmelzkäse
unterrühren und in der heißen Suppe
unter Rühren schmelzen lassen (nicht
mehr kochen). Die Suppe mit Salz
und Pfeffer abschmecken.

5. Käse-Porree-Suppe in tiefen Tellern oder Suppentassen verteilen und
mit Schnittlauchröllchen garnieren.

Tipp: Dazu schmeckt Baguette
oder Weißbrot.

Zubereitungszeit: 25 Minuten

4 Portionen • Pro Portion:
E: 39 g, F: 21 g, Kh: 34 g, kJ: 2003, kcal: 478, BE: 2,5

Wirsingsuppe mit Kräuter-Pesto
Gut vorzubereiten – beliebt bei Kindern

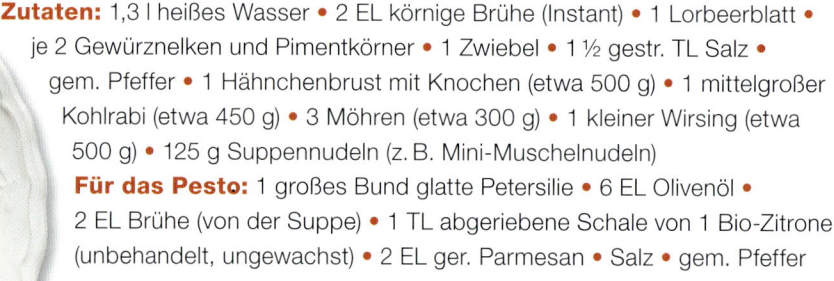

Zutaten: 1,3 l heißes Wasser • 2 EL körnige Brühe (Instant) • 1 Lorbeerblatt • je 2 Gewürznelken und Pimentkörner • 1 Zwiebel • 1 ½ gestr. TL Salz • gem. Pfeffer • 1 Hähnchenbrust mit Knochen (etwa 500 g) • 1 mittelgroßer Kohlrabi (etwa 450 g) • 3 Möhren (etwa 300 g) • 1 kleiner Wirsing (etwa 500 g) • 125 g Suppennudeln (z. B. Mini-Muschelnudeln)
Für das Pesto: 1 großes Bund glatte Petersilie • 6 EL Olivenöl • 2 EL Brühe (von der Suppe) • 1 TL abgeriebene Schale von 1 Bio-Zitrone (unbehandelt, ungewachst) • 2 EL ger. Parmesan • Salz • gem. Pfeffer

1. Für die Suppe Wasser, Brühe, Lorbeerblatt, Gewürznelken und Pimentkörner in einem Topf zum Kochen bringen. Zwiebel abziehen, in Spalten schneiden und hinzugeben. Mit Salz und Pfeffer würzen.

2. Hähnchenbrust kurz unter fließendem kalten Wasser abspülen, abtropfen lassen und in die kochende Brühe geben. Die Hähnchenbrust etwa 20 Minuten bei schwacher Hitze kochen lassen.

3. In der Zwischenzeit Kohlrabi schälen, abspülen und abtropfen lassen. Möhren putzen, schälen und abtropfen lassen. Kohlrabi und Möhren in kleine Stücke schneiden. Kohlrabi- und Möhrenstücke nach etwa 10 Minuten Garzeit der Hähnchenbrust in die Brühe geben und mitgaren lassen.

4. Wirsing putzen, halbieren und den Strunk herausschneiden. Kohlhälften abspülen, abtropfen lassen, in grobe Streifen schneiden. Kohlstreifen und Nudeln in die Suppe geben, wieder zum Kochen bringen und weitere etwa 8 Minuten mitgaren lassen.

5. Die Hähnchenbrust mit einer Schaumkelle aus der Brühe nehmen und kurz abkühlen lassen. Das Fleisch von den Knochen lösen und die Haut entfernen. Das Fleisch in Scheiben schneiden, in die Suppe geben und nochmals kurz erhitzen. Von der Brühe etwa 2 Esslöffel abnehmen.

6. Für das Pesto Petersilie abspülen und trocken tupfen. Die groben Stiele abschneiden. Petersilie, Olivenöl, Brühe und Zitronenschale in einen hohen Rührbecher geben und mit einem Stabmixer pürieren. Parmesan unterrühren. Pesto mit Salz und Pfeffer würzen.

7. Die Suppe mit den Fleischscheiben in tiefen Tellern anrichten. Das Kräuter-Pesto nach Geschmack daraufgeben oder dazureichen.

Zubereitungszeit: 25 Minuten

4 Portionen • Pro Portion:
E: 26 g, F: 16 g, Kh: 12 g, kJ: 1236, kcal: 296, BE: 1,0

Pürierte Erbsensuppe mit Lachs
Der Klassiker, modern interpretiert

Zutaten: 300 g junge TK-Erbsen • 1 gestr. TL Zucker • 1 l heiße Gemüsebrühe • 400 g TK-Lachsfilet
(am Stück) • 2 EL frisch gepresster Zitronensaft • 2 EL Crème fraîche • 2–3 Stängel Dill

1. Für die Suppe tiefgefrorene Erbsen mit Zucker in einen Topf geben. Brühe hinzugießen und zum Kochen bringen. Die Zutaten zugedeckt bei schwacher Hitze etwa 15 Minuten kochen lassen.

2. In der Zwischenzeit Lachsfilet unter fließendem kalten Wasser abspülen und trocken tupfen. Fischfilet mit Zitronensaft würzen, in etwa 1 ½ cm große Würfel schneiden und zugedeckt beiseitestellen, damit der Fisch antaut.

3. Crème fraîche in die Suppe geben und die Suppe mit einem Stabmixer fein pürieren. Die Lachswürfel in die Suppe geben und etwa 5 Minuten bei schwacher Hitze gar ziehen lassen. Dill abspülen, trocken tupfen und die Spitzen von den Stängeln zupfen. Dillspitzen klein schneiden. 4 kleine Stängel zum Garnieren beiseitelegen.

4. Die Erbsensuppe mit Lachs in tiefen Tellern oder Suppentassen verteilen. Suppe mit den beiseitegelegten Stängeln garnieren und sofort servieren.

Tipps: Statt Dill passt auch gut Petersilie oder Schnittlauch zur Erbsensuppe mit Lachs. Wenn es noch schneller gehen soll, die Suppe statt mit Lachsfilet mit 250 g in Streifen geschnittenen Räucherlachs oder etwa 200 g Krabben zubereiten. Beides jeweils kurz vor dem Servieren in die Suppe geben. Mögen Sie es eher deftig, ersetzen Sie die Lachswürfel durch etwa 200 g Salamistreifen oder Mettwurstscheiben, die Sie in einer kleinen Pfanne ohne Fettzugabe mit 2 Esslöffeln Zwiebelwürfel anbraten. Dann den Dill durch Petersilie ersetzen.

Top 7

Bohnensuppe mit Mettwurst
Schmeckt nicht nur Cowboys

Zutaten: 375 g Kartoffeln • 1 Dose weiße Bohnen (425 ml) • 150 g Kasseler (ohne Knochen) • 150 g geräucherte Mettwurst (Rauchenden) • 1 Pck. TK-Suppengrün (75 g) • einige Stängel Bohnenkraut • Salz • gem. Pfeffer • 2 EL gehackte Petersilie

1. Kartoffeln waschen, schälen, abspülen, abtropfen lassen und in etwa 1 cm große Würfel schneiden.

2. Kartoffelwürfel in einen Topf geben und knapp mit Wasser bedecken. Kasseler und Mettwurst darauflegen und zum Kochen bringen. Etwa 15 Minuten bei schwacher Hitze kochen lassen.

3. Das Fleisch aus dem Topf nehmen und beiseitestellen.

4. Suppengrün, weiße Bohnen (mit der Flüssigkeit) und Bohnenkraut auf die Kartoffelwürfel geben. Die Zutaten wieder zum Kochen bringen und weitere etwa 10 Minuten bei schwacher Hitze kochen.

5. In der Zwischenzeit das Fleisch in Würfel und die Mettwurst in Scheiben schneiden.

6. Das Bohnenkraut entfernen. Fleischwürfel und Mettwurstscheiben wieder in den Topf geben. Die Suppe mit Salz und Pfeffer würzen.

7. Bohnensuppe in tiefen Tellern oder Suppentassen verteilen. Mit Petersilie bestreuen und servieren.

Tipps: Sie können diese Suppe auch ganz klassisch mit getrockneten Bohnen zubereiten. Weichen Sie in diesem Fall die Bohnen einige Stunden (am besten über Nacht) in kaltem Wasser ein. Anschließend kochen Sie die Bohnen weich (etwa 2 Stunden). Sehr gut schmeckt die Bohnensuppe auch, wenn Sie zum Ende der Garzeit noch eine kleine Dose stückige Tomaten unterrühren und miterhitzen.

Zubereitungszeit: 25 Minuten

4 Portionen • Pro Portion:
E: 15 g, F: 21 g, Kh: 17 g, kJ: 1335, kcal: 319 , BE: 1,5

Minestrone mit Ricotta-Nocken
Vegetarisch – für Gäste

Für die Nocken: 250 g Ricotta (ital. Frischkäse; ersatzweise Doppelrahm-Frischkäse) • 35 g Hartweizen-griess • 1 Ei (Größe M) • 30 g ger. Pecorino oder Parmesan • gem. Pfeffer • Salz • ger. Muskatnuss • 2 l heißes Salzwasser
Für die Suppe: 1 Zwiebel • 1 Knoblauchzehe • 3 EL Olivenöl • 180 g Staudensellerie • 350 g Fenchelknolle • 150 g Möhren • 500 g Mangold • Salz • gem. Pfeffer • ger. Muskatnuss • 1 Lorbeerblatt • 1 TL Fenchelsamen • 1 l heiße Gemüsebrühe
Außerdem: 200 g Cocktailtomaten

1. Für die Nocken Ricotta, Grieß, Ei, Pecorino oder Parmesan, Pfeffer, etwas Salz und Muskat in eine Schüssel geben und mit einem Schneebesen verrühren. Ricottamasse zugedeckt etwa 10 Minuten quellen lassen.

2. In der Zwischenzeit für die Suppe Zwiebel und Knoblauch abziehen und fein würfeln. Olivenöl in einem Topf erhitzen. Zwiebel- und Knoblauchwürfel darin glasig dünsten.

3. Staudensellerie putzen und die harten Außenfäden abziehen. Sellerie abspülen, abtropfen lassen und in Scheiben schneiden. Fenchelknolle putzen, abspülen, abtropfen lassen und halbieren. Den harten Mittelteil herausschneiden. Fenchelhälften in Streifen schneiden. Möhren putzen, schälen, abspülen, abtropfen lassen und in Scheiben schneiden. Mangold gründlich abspülen, abtropfen lassen und die Stiele von den Blättern schneiden. Mangoldstiele und -blätter getrennt in feine Streifen schneiden.

4. Sellerie, Fenchel, Möhren und Mangoldstielstreifen in den Topf geben und unter Rühren mit andünsten. Mit Salz, Pfeffer, Muskat, Lorbeerblatt und Fenchelsamen würzen. Gemüsebrühe hinzugießen. Die Suppe zum Kochen bringen und zugedeckt bei mittlerer Hitze etwa 5 Minuten kochen lassen.

5. Für die Nocken Salzwasser in einem weiten Topf zum Kochen bringen, dann die Temperatur reduzieren. Aus der Ricottamasse mit 2 Esslöffeln Nocken ausstechen und ins siedende Salzwasser geben. Bei schwacher Hitze etwa 10 Minuten ziehen lassen. (Nicht mehr kochen, da die Nocken sonst zerfallen).

6. Mangoldblattstreifen in die Suppe geben und die Zutaten weitere etwa 10 Minuten kochen lassen.

7. Tomaten abspülen, abtrocknen, halbieren und die Stängelansätze herausschneiden. Tomatenhälften in die Suppe geben und etwa 2 Minuten miterhitzen. Die Suppe nochmals abschmecken. Minestrone in tiefen Tellern verteilen. Die Nocken in die Suppe geben und sofort servieren.

Zubereitungszeit: 30 Minuten

4 Portionen • Pro Portion:
E: 28 g, F: 22 g, Kh: 42 g, kJ: 2024, kcal: 483, BE: 3,5

Linsensuppe mit Würstchen
Preiswert – gut vorzubereiten

Zutaten: 1 ¼ l heiße Fleisch- oder Gemüsebrühe • 250 g getrocknete Pardina Linsen • 250 g Kartoffeln • 1 Zwiebel • 150 g TK-Suppengrün • 4–8 kleine Wiener Würstchen (360 g) • Salz • 1–2 EL Weißweinessig • 1 EL Schnittlauchröllchen

1. Für die Suppe Brühe in einem Topf zum Kochen bringen. Linsen verlesen, in einem Sieb abspülen, in den Topf geben. Die Brühe wieder zum Kochen bringen. Die Linsen zugedeckt etwa 5 Minuten kochen lassen.

2. Kartoffeln schälen, abspülen, abtropfen lassen und in etwa 1 cm große Würfel schneiden. Kartoffelwürfel in die Suppe geben, wieder zum Kochen bringen und zugedeckt weitere etwa 18 Minuten kochen lassen.

3. Brühwürstchen etwa 5 Minuten vor Ende der Garzeit hinzugeben und miterhitzen. Die Suppe mit Salz und Essig abschmecken.

4. Die Linsensuppe in tiefen Tellern oder Suppentassen verteilen und mit Schnittlauchröllchen bestreut servieren.

Tipps: Statt der Brühwürstchen können Sie auch Rauchendenscheiben (Mettwürstchen) in die Suppe geben. Eine fein säuerliche Note bekommt die Linsensuppe, wenn Sie kurz vor Ende der Garzeit einige stückige Tomaten (aus der Dose) oder etwas Tomatenmark in die Suppe geben. In diesem Fall den Essig vorsichtig dosieren.

4 Portionen • Pro Portion:
E: 7 g, F: 6 g, Kh: 32 g, kJ: 907, kcal: 217 , BE: 2,5

Kürbissuppe mit Rosmarin
Vegetarisch – schmeckt auch Kindern

Zum Vorbereiten: 1 Knoblauchzehe • 1 mittelgroße Zwiebel • 150 g
Möhren • 1 kleiner Zweig frischer Rosmarin • 500 g Hokkaido-Kürbis
Für die Suppe: 2 EL neutrales Speiseöl (z. B. Rapsöl) • 1 l heiße
Gemüsebrühe • 1 Lorbeerblatt • 2 Gewürznelken • Salz •
gem. Pfeffer • 125 g Suppennudeln • 1 l kochendes Salzwasser •
200 g Porree (Lauch) • 1–2 EL Zitronensaft

1. Zum Vorbereiten Knoblauch und Zwiebel abziehen, in feine
Würfel schneiden. Möhren putzen, schälen, abspülen, abtropfen lassen und in feine Scheiben schneiden. Rosmarinzweig
abspülen, trocken tupfen und beiseitelegen. Kürbis abspülen,
abtrocknen, halbieren und entkernen. Kürbishälften in mundgerechte Würfel schneiden.

2. Für die Suppe Speiseöl in einem Topf erhitzen. Zwiebelwürfel, Knoblauchwürfel und Rosmarinzweig darin andünsten. Möhrenscheiben hinzugeben und etwa 2 Minuten mitdünsten lassen. Gemüsebrühe hinzugießen und zum
Kochen bringen. Lorbeerblatt und Gewürznelken hinzugeben. Mit Salz und Pfeffer würzen.

3. Nudeln in kochendem Salzwasser nach Packungsanleitung bissfest garen.

4. Porree putzen, die Stange längs halbieren, gründlich waschen und abtropfen lassen. Porree in feine Scheiben schneiden. Kürbiswürfel und Porreescheiben in die Suppe geben und zugedeckt bei mittlerer Hitze etwa
10 Minuten kochen lassen. Lorbeerblatt und Nelken entfernen.

5. In der Zwischenzeit Nudeln in ein Sieb geben, mit heißem Wasser abspülen und abtropfen lassen.

6. Nudeln in die Suppe geben und noch etwa 1 Minute mitkochen lassen. Kürbissuppe mit Salz, Pfeffer und
Zitronensaft abschmecken.

Tipps: Haben Sie keinen frischen Rosmarin zur Hand, verwenden Sie
gerebelten. Dann genügt 1 Teelöffel, da getrocknete Kräuter viel intensi-
ver schmecken.

Zubereitungszeit: 20 Minuten

4 Portionen • Pro Portion:
E: 19 g, F: 8 g, Kh: 12 g, kJ: 825, kcal: 196, BE: 1,0

Fischsuppe mit Linsen
Für Gäste

Für die Suppe: 2 kleine Fenchelknollen (je etwa 150 g) • 200 g Porree (Lauch) • 800 ml Fischfond (aus Gläsern) • 50 g rote Linsen • 2 Lorbeerblätter • 150 g Cocktailtomaten • 250 g Lachsfilet • ½ Bund Dill • Salz • gem. Pfeffer • 1–2 EL Zitronensaft

1. Für die Suppe von den Fenchelknollen die Stiele dicht oberhalb der Knollen abschneiden. Dunkle Stellen und Blätter entfernen. Wurzelenden gerade schneiden. Die Knollen und das feine Fenchelgrün abspülen, abtropfen lassen. Knollen vierteln und quer in Streifen schneiden. Etwas Fenchelgrün beiseitelegen.

2. Porree putzen, die Stange längs halbieren, gründlich waschen, abtropfen lassen, in Streifen schneiden.

3. Den Fischfond in einem Topf zum Kochen bringen. Linsen hinzugeben und aufkochen lassen. Lorbeerblätter, Porree- und Fenchelstreifen hinzugeben, wieder zum Kochen bringen und etwa 10 Minuten bei schwacher Hitze kochen lassen.

4. Die Tomaten abspülen, abtrocknen und halbieren, die Stängelansätze entfernen. Lachsfilet unter fließendem kalten Wasser abspülen, trocken tupfen und in etwa 2 cm große Würfel schneiden. Dill abspülen und trocken tupfen. Die Spitzen von den Stängeln zupfen, einige zum Garnieren beiseitelegen. Den restlichen Dill klein schneiden.

5. Beiseitegelegtes Fenchelgrün klein schneiden. Tomatenhälften, Dill, Lachswürfel und Fenchelgrün in die Suppe geben, kurz aufkochen lassen. Die Zutaten etwa 4 Minuten gar ziehen lassen.

6. Die Fischsuppe mit Salz, Pfeffer und Zitronensaft würzen. Nach Belieben mit Dillspitzen bestreut servieren.

Tipp: Mögen Sie Fenchel nicht so gern, ersetzen Sie ihn durch die gleiche Menge Zucchini, Spitz- oder Chinakohl. Dazu das Gemüse putzen, abspülen, abtropfen lassen und in feine Scheiben (Zucchini) oder feine Streifen (Spitz- oder Chinakohl) schneiden. Die Garzeit ändert sich nicht.

Zubereitungszeit: 25 Minuten

4 Portionen • Pro Portion:
E: 7 g, F: 17 g, Kh: 6 g, kJ: 890, kcal: 213, BE: 0,5

Spinatsuppe mit gebratenem Ei
Vegetarisch – preiswert

Für die Einlage: 15 g Butter • 2 Eier (Größe M)
Für die Suppe: 2 Zwiebeln • 1 Knoblauchzehe • 25 g Butter •
1 EL Weizenmehl • 750 ml (¾ l) heiße Gemüsebrühe • 300 g TK-Blatt-
spinat • 75 g Schlagsahne • Salz • gem. Pfeffer • ger. Muskatnuss

1. Für die Einlage Butter in einer Pfanne zerlassen. Eier vorsichtig aufschlagen, von beiden Seiten bei schwacher Hitze braten. Eier aus der
Pfanne nehmen und auf einen Teller geben.

2. Zwiebeln und Knoblauch abziehen, fein würfeln.

3. Für die Suppe Butter in einem Topf zerlassen. Zwiebel- und Knoblauchwürfel darin andünsten. Das Mehl zunächst daraufstäuben, dann
unterrühren. Nach und nach die Brühe hinzugießen, unter Rühren zum
Kochen bringen. Dabei darauf achten, dass keine Klümpchen entstehen.
Gefrorenen Spinat und Sahne unterrühren. Die Zutaten unter Rühren
wieder zum Kochen bringen.

4. Spinatsuppe mit Salz, Pfeffer und Muskat abschmecken, etwa
5 Minuten zugedeckt bei schwacher Hitze kochen lassen.

5. In der Zwischenzeit die gebratenen Eier in Streifen schneiden.

6. Spinatsuppe in tiefen Tellern oder Suppentassen verteilen und mit
den Eierstreifen garnieren.

Tipps: Dazu passt knuspriges
Baguette. Sehr gut schmecken
auch feine Räucherlachsstreifen
in der Suppe.

Zubereitungszeit: 20 Minuten

4 Portionen • Pro Portion:
E: 19 g, F: 12 g, Kh: 29 g, kJ: 1269, kcal: 303, BE: 2,0

Kartoffel-Möhren-Suppe mit Erdnusscreme
Raffiniert – für Gäste

Für die Suppe: 1 Zwiebel • 1 Knoblauchzehe • 500 g Möhren • 500 g mehligkochende Kartoffeln • 2 EL neutrales Speiseöl, z. B. Rapsöl • 2 EL Erdnusscreme (aus dem Glas) • Salz • gem. Pfeffer • grob geschrotete Chiliflocken oder Cayennepfeffer • 1 l heiße Gemüse- oder Geflügelbrühe • 350 g Porree (Lauch) • 1 Bund frischer Koriander oder 4–5 Stängel glatte Petersilie • 200 g geräucherter Putenbrustaufschnitt oder gebratene Putenbruststreifen (aus dem Kühlregal)

1. Für die Suppe Zwiebel und Knoblauch abziehen, grob würfeln. Möhren und Kartoffeln schälen, abspülen und abtropfen lassen. Möhren in Scheiben und Kartoffeln in etwa 2 cm große Würfel schneiden.

2. Speiseöl in einem Topf erhitzen. Zwiebel- und Knoblauchwürfel darin glasig dünsten. Möhrenscheiben hinzugeben, mit andünsten. Erdnusscreme hinzugeben und unterrühren. Mit Salz, Pfeffer und Chiliflocken oder Cayennepfeffer würzen. Heiße Brühe hinzugießen, zum Kochen bringen und bei schwacher Hitze etwa 5 Minuten kochen lassen.

3. In der Zwischenzeit Porree putzen, die Stangen längs halbieren, gründlich waschen, abtropfen lassen und in Scheiben schneiden. Kartoffelwürfel und Porreescheiben in die Suppe geben und wieder zum Kochen bringen. Die Suppe weitere etwa 12 Minuten unter gelegentlichem Umrühren kochen lassen.

4. Koriander oder Petersilie abspülen und trocken tupfen. Die Blättchen von den Stängeln zupfen. Einige Blättchen zum Garnieren beiseitelegen. Putenbrustaufschnitt in Streifen schneiden.

5. Die Suppe mit Salz und Pfeffer abschmecken. Putenbruststreifen und Koriander oder Petersilie hinzugeben. Nach Belieben noch etwas Erdnusscreme unterrühren.

6. Die Kartoffel-Möhren-Suppe mit Erdnusscreme in tiefen Tellern oder Suppentassen verteilen und mit den beiseitegelegten Koriander- oder Petersilienblättchen garnieren.

Tipps: Erdnusscreme und Chili geben der Suppe ein ganz besonders wohlschmeckendes Aroma. Möchten Sie die Suppe mit etwas mehr „Biss" servieren, bestreuen Sie sie vor dem Servieren mit einigen gerösteten Erdnusskernen. Möchten Sie die Suppe ohne Erdnusscreme zubereiten, ersetzen Sie sie durch 2 Esslöffel Doppelrahm-Frischkäse.

Zubereitungszeit: 30 Minuten

4 Portionen • Pro Portion:
E: 5 g, F: 13 g, Kh: 5 g, kJ: 644, kcal: 154, BE: 0,2

Grüne Spargelsuppe
Vegetarisch – etwas Besonderes

Für die Suppe: 500 g grüner Spargel • 750 ml (¾ l) heiße Gemüsebrühe • 1–2 EL gehobelte Mandeln • Salz • gem. Pfeffer • 1 Prise
Zucker • 100 g Schlagsahne
Zum Garnieren: 4 TL Crème fraîche • 4 EL Schnittlauchröllchen •
4 dünne Scheiben Stangenweißbrot, getoastet

1. Vom Spargel das untere Drittel schälen, die unteren Enden abschneiden, abspülen, abtropfen lassen und in etwa 3 cm lange Stücke
schneiden.

2. Brühe in einem Topf zum Kochen bringen. Die Spargelstücke hinzugeben und etwa 15 Minuten bei schwacher Hitze kochen.

3. In der Zwischenzeit Mandeln in einer Pfanne ohne Zugabe von Fett
bei schwacher Hitze rösten. Mandeln aus der Pfanne nehmen und auf
einen Teller geben.

4. Die Spargelstücke in der Brühe mit einem Stabmixer fein pürieren. Die
Suppe mit Salz, Pfeffer und Zucker abschmecken. Sahne unterrühren.

5. Die Suppe in tiefen Tellern oder Suppentassen verteilen. Je 1 Teelöffel Crème fraîche hineingeben, mit Mandeln bestreuen und heiß
servieren. Jeweils eine Scheibe Brot an den Rand des Tellers oder der
Suppentasse legen.

Tipps: Bereiten Sie die Suppe mit weißem Spargel zu. Dann den weißen Spargel von oben nach unten schälen. Dabei darauf achten, dass die Schalen vollständig entfernt, die Köpfe aber nicht verletzt werden. Die unteren Enden abschneiden (holzige Stellen vollkommen entfernen). Spargelschalen und -enden etwa 15 Minuten kochen, dann entfernen und die Spargelstücke in dem Sud garen. Für diese Suppe können Sie sehr gut den preiswerten Bruchspargel verwenden. Als Einlage die Spargelspitzen verwenden, diese dann nur 10 Minuten garen, herausnehmen und erst kurz vor dem Servieren wieder in die Suppe geben. Shrimps oder Krabben in die Suppe geben.

Zubereitungszeit: 20 Minuten

4 Portionen • Pro Portion:
E: 12 g, F: 15 g, Kh: 34 g, kJ: 1344, kcal: 319, BE: 2,5

Feine Maultaschen-Suppe
Für Gäste

Für die Suppe: 3 mittelgroße Tomaten • 3–4 Stängel frischer Thymian • 400 ml Fischfond (aus dem Glas) • 200 g Porree (Lauch) • 20 g Butter oder Margarine • 1 Lorbeerblatt • 600 ml heiße Gemüsebrühe • gem. Pfeffer • Salz
Für die Einlage: 4–8 Maultaschen (aus dem Kühlregal, z. B. mit Lachs- oder Fleischfüllung: 300 – 600 g) • 3 EL Schnittlauchröllchen

1. Für die Suppe Tomaten kreuzweise einschneiden, mit kochendem Wasser übergießen. Nach 1–2 Minuten herausnehmen und mit kaltem Wasser abschrecken. Tomaten enthäuten und die Stängelansätze herausschneiden. Tomaten vierteln und entkernen. Tomatenkerne und -flüssigkeit auffangen, beiseitestellen. Die Tomatenviertel in Würfel schneiden und ebenfalls beiseitestellen. Thymian abspülen und trocken tupfen.

2. Tomatenkerne und -flüssigkeit, 2 Stängel Thymian und Fischfond in einen Topf geben. Die Zutaten zum Kochen bringen und etwa 5 Minuten bei schwacher Hitze ziehen lassen.

3. In der Zwischenzeit den Porree putzen, die Stange längs halbieren, gründlich waschen und abtropfen lassen. Porreestangen in etwa ½ cm große Scheiben schneiden.

4. Butter oder Margarine in einem Topf zerlassen. Porreescheiben, restlichen Thymian und Lorbeerblatt hinzugeben, andünsten. Tomaten-Fischfond durch ein Sieb hinzugießen. Brühe ebenfalls hinzugießen und aufkochen. Mit Pfeffer würzen.

5. Für die Einlage Maultaschen in die Suppe geben und bei schwacher Hitze etwa 8 Minuten ziehen lassen. Die Suppe darf nicht mehr kochen.

6. Beiseitegestellte Tomatenwürfel in die Suppe geben und kurz miterhitzen. Die Suppe mit Salz und Pfeffer abschmecken.

7. Maultaschen-Suppe in tiefe Teller geben und mit Schnittlauchröllchen bestreut servieren.

Tipps: Statt Porree können Sie auch 1 Bund Frühlingszwiebeln verwenden.

Noch schneller geht es, wenn Sie TK-Porree verwenden, auf das Auskochen der Tomatenkerne und -flüssigkeit verzichten und stattdessen geviertelte Cocktailtomaten nur kurz in der fertigen Suppe erhitzen. Kochen Sie dann den Fischfond nur mit den Thymianstängeln.

Wenn Sie Maultaschen mit fleischhaltiger Füllung bevorzugen, verwenden Sie statt des Fischfonds Geflügel- oder Gemüsefond.

4 Portionen • Pro Portion:
E: 13 g, F: 28 g, Kh: 14 g, kJ: 1667, kcal: 399, BE: 1,0

Zucchini-Käse-Suppe
Vegetarisch – mit Alkohol

Für die Suppe: 500 g Zucchini • 30 g Butter oder Margarine •
1 Knoblauchzehe • 2–3 EL Weizenmehl • 750 ml (¾ l) heiße Gemüsebrühe • 200 ml trockener Weißwein • 80 g Gouda • 200 g Sahne-
Schmelzkäse • 1 Bund Dill • Salz • gem. Pfeffer

1. Für die Suppe Zucchini waschen, abtrocknen und die Enden abschneiden. Die Zucchini grob raspeln. Butter oder Margarine in einem
Topf zerlassen. Zucchiniraspel darin andünsten.

2. Knoblauch abziehen, durch eine Knoblauchpresse drücken und zu
den Zucchiniraspeln in den Topf geben. Mehl daraufstäuben und kurz
mit andünsten.

3. Brühe und Wein hinzugießen und gut unterrühren. Dabei darauf
achten, dass keine Klümpchen entstehen. Die Zutaten unter Rühren
zum Kochen bringen und 3–5 Minuten kochen lassen.

4. Den Käse grob reiben, mit dem Schmelzkäse in die Suppe geben
und unter Rühren schmelzen lassen.

5. Dill abspülen und trocken tupfen. Die Spitzen von den Stängeln
zupfen, einige zum Garnieren beiseitelegen, Dill klein schneiden.

6. Zucchini-Käse-Suppe in tiefen Tellern oder Suppentassen verteilen.
Mit den beiseitegelegten Dillspitzen garnieren und sofort servieren.

Tipps: Möchten Sie die Suppe
ohne Alkohol zubereiten, erhöhen
Sie die Menge der Gemüsebrühe
entsprechend.

Schmeckt auch gut und etwas
kräftiger mit Blauschimmelkäse
z. B. Danablu, Gorgonzola oder
Roquefort, statt des Gouda.

Zubereitungszeit: 25 Minuten

4-6 Portionen • Pro Portion:
E: 14 g, F: 3 g, Kh: 19 g, kJ: 657, kcal: 156, BE: 1,5

Fadennudelsuppe
Schmeckt auch Kindern – fettarm

Für die Suppe: 300 g Möhren • 1 Kohlrabi • 1 ½ l heiße Gemüse-brühe • 75 g TK-Suppengrün • 100 g Fadennudeln • 200 g Koch-schinken, in Scheiben • 1 Bund Schnittlauch • Salz • gem. Pfeffer • ger. Muskatnuss

1. Für die Suppe Möhren und Kohlrabi putzen, schälen, abspülen, ab-tropfen lassen und auf der groben Seite der Haushaltsreibe raspeln.

2. Die Gemüsebrühe in einen Topf geben, gefrorenes Suppengrün und Gemüseraspel hinzufügen und zum Kochen bringen. Fadennudeln hinzugeben und die Suppe etwa 5 Minuten bei schwacher Hitze kochen lassen.

3. In der Zwischenzeit den Schinken in Streifen schneiden. Schnittlauch abspülen, trocken tupfen und in Röllchen schneiden.

4. Schinkenstreifen in die Suppe geben und erhitzen. Die Suppe mit Salz, Pfeffer und Muskat abschmecken.

5. Die Fadennudelsuppe in tiefen Tellern oder Suppentassen verteilen und mit Schnittlauchröllchen bestreut servieren.

Tipp: Zusätzlich 100 g geputzte, abgespülte und in Streifen ge-schnittene Zuckerschoten mit den Fadennudeln in die Suppe geben. Kinder freuen sich, wenn Sie statt der Fadennudeln Buchstaben-nudeln in die Suppe geben.

4 Portionen • Pro Portion:
E: 17 g, F: 6 g, Kh: 20 g, kJ: 865, kcal: 206, BE: 1,5

Leichte Brokkolicremesuppe
Auch für Kinder – fettarm

Für die Suppe: 1 kg Brokkoli • 300 ml heiße Gemüsebrühe • 500 ml (½ l) Milch • 4 EL Instant-Haferflocken • Salz • gem., weißer Pfeffer • ger. Muskatnuss
Zum Garnieren: 1 Zweig Dill • 100 g gegartes Krabbenfleisch • geschroteter, weißer Pfeffer

1. Für die Suppe vom Brokkoli die Blätter entfernen. Den Brokkoli in kleine Röschen teilen, die Stängel am Strunk schälen und klein schneiden. Brokkoliröschen und -stückchen abspülen, abtropfen lassen.

2. Gemüsebrühe, Brokkoliröschen und -stückchen in einen Topf geben. Zum Kochen bringen und zugedeckt etwa 15 Minuten bei schwacher Hitze kochen.

3. In der Zwischenzeit die Milch erhitzen. Dill abspülen, trocken tupfen und die Spitzen von den Stängeln zupfen. Einige Dillspitzen beiseitelegen.

4. Anschließend den Brokkoli in der Brühe mit einem Stabmixer pürieren. Nach und nach die Milch zum Brokkolipüree geben. Die Flüssigkeit mit dem Stabmixer so lange pürieren, bis eine glatte Cremesuppe entstanden ist. Instant-Haferflocken mit einem Schneebesen unterrühren, nochmals kurz unter Rühren aufkochen lassen. Suppe mit Salz, Pfeffer und Muskat abschmecken.

5. Die Krabben in tiefen Tellern oder Suppentassen verteilen. Brokkolicremesuppe daraufgeben, mit geschrotetem Pfeffer und Dillspitzen garnieren.

Tipps: Bereiten Sie die Suppe mit Blumenkohl oder Kohlrabi zu.

Im Winter schmeckt die Suppe gut mit TK-Rosenkohl. Würzen Sie sparsam mit Liebstöckel. Garnieren Sie die fertige Suppe mit Petersilienblättchen und geräuchertem Schinken.

Zubereitungszeit: 25 Minuten

4 Portionen • Pro Portion:
E: 21 g, F: 39 g, Kh: 43 g, kJ: 2550, kcal: 609, BE: 3,5

Linsencremesuppe mit Ziegenkäsenocken
Vegetarischer Genuss

Für die Suppe: 1 mittelgroße Zwiebel • 1 Knoblauchzehe • 3 EL Olivenöl • 400 g TK-Suppengemüse • 175 g rote Linsen • 1 l heiße Gemüsebrühe • 200 ml passierte Tomaten (aus der Dose) • 1 Lorbeerblatt • Salz • gem. Pfeffer • 75 g getrocknete Tomaten in Öl • 4–5 Stängel Basilikum • 200 g Schlagsahne
Für die Nocken: 200 g Ziegen-Frischkäse
Zum Beträufeln: etwa 4 EL milder, dunkler Balsamico-Essig

1. Für die Suppe Zwiebel und Knoblauch abziehen und grob würfeln. Olivenöl in einem Topf erhitzen, Zwiebel- und Knoblauchwürfel darin andünsten.

2. Gefrorenes Suppengemüse und Linsen zur Zwiebel-Knoblauch-Mischung geben. Brühe hinzugießen, zum Kochen bringen und etwa 8 Minuten unter gelegentlichem Rühren kochen lassen.

3. Passierte Tomaten unterrühren. Lorbeerblatt hinzugeben. Die Suppe mit Salz und Pfeffer würzen, wieder zum Kochen bringen und etwa 5 Minuten bei mittlerer Hitze kochen lassen, bis die Linsen leicht zerfallen.

4. In der Zwischenzeit getrocknete Tomaten abtropfen lassen. Tomaten in Streifen schneiden. Einige Streifen zum Garnieren beiseitelegen. Basilikum abspülen und trocken tupfen. Die Blättchen von den Stängeln zupfen. Blättchen klein schneiden.

Tipps: Wenn Sie die Teller oder Suppentassen vorwärmen, bleibt die Suppe länger heiß. Mögen Sie keinen Ziegen-Frischkäse, ersetzen Sie ihn durch Kräuter- oder Paprika-Frischkäse. Das Öl der getrockneten Tomaten kann sehr gut für mediterrane Salate oder Antipasti verwendet werden.

5. Das Lorbeerblatt entfernen. Die Suppe pürieren, evtl. durch ein Sieb streichen. Sahne hinzugießen, nochmals unter Rühren kurz aufkochen. Die Suppe mit Salz und Pfeffer abschmecken.

6. Die Linsencremesuppe in tiefen Tellern oder Suppentassen verteilen. Mithilfe zweier Teelöffel Nocken aus dem Ziegen-Frischkäse formen und jeweils 1 Nocke in die Suppe geben. Je 1 Esslöffel Balsamico-Essig daraufträufeln. Die Suppe mit Tomaten- und Basilikumstreifen garnieren und sofort servieren.

Zubereitungszeit: 25 Minuten

4 Portionen • Pro Portion:
E: 32 g, F: 10 g, Kh: 26 g, kJ: 1353, kcal: 323, BE: 2,0

Rosenkohl-Pfifferling-Suppe mit roten Linsen
Raffiniert

Für die Suppe: 1 Zwiebel • 300 g festkochende Kartoffeln • 300 g Putenbrust • 3 EL neutrales Speiseöl (z. B. Rapsöl) • 250 g abgetropfte Pfifferlinge (aus der Dose) • 400 g TK-Rosenkohl • Salz • gem. Pfeffer • ger. Muskatnuss • 1 Prise grob geschroteter Chili • 1 l heiße Geflügelbrühe • 80 g rote Linsen
Zum Bestreuen: 2 EL gehackte Petersilie (frisch oder TK)

Tipps: Vor dem Anrichten einen kleinen Klecks saure Sahne in die Suppe geben und mit Paprikapulver bestreut anrichten. Wer es gern scharf mag, nimmt stattdessen Chiliflocken.

Möchten Sie frischen Rosenkohl verwenden, verarbeiten Sie ihn nach dem Putzen wie den gefrorenen. Zubereitungs- und Garzeit verlängern sich entsprechend. Die Suppe schmeckt auch mit Blumenkohl oder Brokkoli sehr gut. Brokkoli insgesamt etwa 5 Minuten garen. Statt der Pfifferlinge können Sie auch Mischpilze (aus dem Glas) verwenden.

Wer sich das Anbraten der frischen Putenbruststreifen ersparen möchte, kann geräucherte Putenbrust (aus dem Kühlregal oder der Fleischtheke) verwenden. Diese in Streifen oder Würfel schneiden und kurz in der Suppe miterhitzen. Kinder lieben feine Geflügel-Würstchen in dieser Suppe.

1. Für die Suppe Zwiebel abziehen und in etwa 1 cm große Spalten schneiden. Kartoffeln schälen, abspülen, abtropfen lassen und in etwa 1 cm große Würfel oder Spalten schneiden. Putenbrust abspülen, gut trocken tupfen und in Streifen schneiden.

2. Speiseöl in einem großen Topf erhitzen. Putenbruststreifen darin unter Wenden anbraten, herausnehmen und beiseitestellen. Die Pfifferlinge in dem verbliebenen Bratfett kräftig anbraten, herausnehmen und beiseitestellen.

3. Anschließend Zwiebelspalten und Kartoffelwürfel oder -spalten in den Topf geben und andünsten. Gefrorenen Rosenkohl hinzugeben, mit Salz, Pfeffer, Muskat und Chili würzen. Brühe hinzugießen. Die Zutaten zum Kochen bringen und zugedeckt etwa 4 Minuten bei mittlerer Hitze kochen lassen.

4. Linsen und Pfifferlinge in die Suppe geben und zugedeckt weitere etwa 8 Minuten kochen lassen. Mit Salz und Pfeffer abschmecken.

5. Putenbruststreifen kurz vor dem Servieren in die Suppe geben und darin erwärmen.

6. Die Rosenkohl-Pfifferling-Suppe mit roten Linsen in tiefen Tellern oder Suppentassen verteilen. Mit gehackter Petersilie bestreuen und heiß servieren. Dazu schmeckt würziges Bauernbrot.

Zubereitungszeit: 20 Minuten

4 Portionen • Pro Portion:
E: 26 g, F: 40 g, Kh: 10 g, kJ: 2129, kcal: 509, BE: 1,0

Zitronen-Parmesan-Suppe
Sommerlicher Genuss

Für die Suppe: 40 g Butter • 2 EL Weizenmehl • 1 l heiße Geflügelbrühe • 200 g Schlagsahne • 2 Bio-Zitronen (unbehandelt, ungewachst) •
100 g Rucola (Rauke) • 4 EL Olivenöl • Salz • 4 EL ger. Parmesan •
2 Hähnchenbrustfilets (etwa 300 g) • gem. Pfeffer

1. Die Butter in einem Topf zerlassen. Mehl unter Rühren so lange darin
erhitzen, bis es hellgelb ist. Nach und nach die Brühe hinzugießen. Die
Mehlschwitze dabei mit einem Schneebesen immer wieder glatt rühren.
Dabei darauf achten, dass keine Klümpchen entstehen.

2. Die Suppe zum Kochen bringen. Sahne hinzugießen und unter gelegentlichem Rühren etwa 10 Minuten bei schwacher Hitze kochen.

3. In der Zwischenzeit die Zitronen heiß abwaschen, abtrocknen und die
Schale abreiben. 1–2 Teelöffel der Zitronenschale zum Garnieren beiseitelegen. Zitrone halbieren und den Saft auspressen. Rucola verlesen
und dicke Stängel abschneiden. Rucola abspülen und trocken tupfen.
4 Rucolablättchen zum Garnieren beiseitelegen. Die restlichen Blättchen
in Stücke zupfen und in einen Rührbecher geben. Olivenöl und 1 Prise
Salz hinzugeben, mit einem Stabmixer pürieren.

4. Abgeriebene Zitronenschale, Parmesan und die Hälfte des Zitronen-
saftes in die Suppe geben, mit einem Stabmixer pürieren.

5. Die Hähnchenbrustfilets unter fließendem kalten Wasser abspülen
und trocken tupfen. Die Filets in etwa 2 cm große Würfel schneiden, mit
Salz und Pfeffer würzen. Hähnchenfleischwürfel in die Suppe geben und
etwa 5 Minuten bei schwacher Hitze gar ziehen lassen. Die Suppe nach
Belieben nochmals mit Zitronensaft und Salz abschmecken.

6. Die Zitronen-Parmesan-Suppe in tiefen Tellern oder Suppentassen
verteilen. Suppe mit je einem Esslöffel Rucolaöl, beiseitegelegten Rucolablättchen und geriebener Zitronenschale garnieren und heiß servieren.

Tipp: Das restliche Rucolaöl in
einem kleinen Schälchen separat
dazureichen.

Zubereitungszeit: 20 Minuten

4 Portionen • Pro Portion:
E: 12 g, F: 14 g, Kh: 7 g, kJ: 933, kcal: 223, BE: 0,1

Zwiebelsuppe
Klassisch – mit Alkohol

Für die Suppe: 25 g Butter • 100 g Schinkenwürfel (aus dem Kühl-regal) • 500 g TK-Zwiebelringe • 1 l heiße Fleischbrühe • 100 ml trockener Weißwein • Salz • gem. Pfeffer
Zum Bestreuen: 1 Bund Schnittlauch • 50 g ger. Parmesan

1. Für die Suppe Butter in einem Topf zerlassen. Schinkenwürfel darin etwa 2 Minuten unter Wenden andünsten. Tiefgefrorene Zwiebelringe hinzugeben und etwa 5 Minuten unter gelegentlichem Rühren mitdünsten.

2. Brühe hinzugießen und zum Kochen bringen. Die Suppe zugedeckt etwa 10 Minuten bei schwacher Hitze kochen.

3. Zum Bestreuen in der Zwischenzeit Schnittlauch abspülen, trocken tupfen und mit einer Küchenschere in feine Röllchen schneiden.

4. Wein hinzugießen, die Suppe nochmals aufkochen, mit Salz und Pfeffer abschmecken.

5. Die Suppe in tiefen Tellern oder Suppentassen verteilen. Zwiebelsuppe mit Schnittlauchröllchen und Parmesan bestreuen und sofort servieren.

Tipps: Bereiten Sie die Suppe aus frischem Gemüsezwiebeln zu. Dafür Zwiebeln abziehen, grob würfeln und unter Punkt 1 mit andünsten.

Möchten Sie die Suppe ohne Alkohol zubereiten, erhöhen Sie die Menge der Fleischbrühe entsprechend. Verfeinern Sie die Suppe mit 1–2 Esslöffeln Crème fraîche.

Zubereitungszeit: 15 Minuten

4 Portionen • Pro Portion:
E: 5 g, F: 31 g, Kh: 7 g, kJ: 1337, kcal: 322, BE: 0,5

Kräutersuppe
Vegetarischer Genuss

Für die Suppe: 40 g Butter • 20 g Weizenmehl • 750 ml (¾ l) heiße Gemüsebrühe • 250 g Crème fraîche • 2 Eigelb • je 2 EL gehackte Petersilie, Kerbel, Schnittlauch, Rucola (Rauke), Kresse • Salz • gem. Pfeffer
Zum Garnieren: 2 EL Kresse

1. Für die Suppe Butter in einem Topf zerlassen. Mehl hinzugeben, mit einem Schneebesen unter Rühren darin erhitzen, bis das Mehl hellgelb ist.

2. Nach und nach unter Rühren die Brühe hinzugießen, dabei darauf achten, dass keine Klümpchen entstehen. Suppe wieder zum Kochen bringen und zugedeckt etwa 5 Minuten kochen lassen. Kräuter hinzugeben und mit einem Stabmixer pürieren.

3. In der Zwischenzeit Crème fraîche mit dem Eigelb verrühren.

4. Den Topf von der Kochstelle nehmen. Crème-frâiche-Eigelb-Mischung unter vorsichtigem Rühren in die Suppe geben. Suppe nochmals kurz erhitzen. Die Suppe nicht mehr kochen lassen, da das Eigelb sonst gerinnt. Die Kräutersuppe mit Salz und Pfeffer abschmecken.

5. Die Kräutersuppe in tiefen Tellern oder Suppentassen verteilen. Suppe mit abgespülter und trocken getupfter Kresse garnieren und heiß servieren.

Tipps: Geben Sie geröstete Brotwürfel in die Suppe. Im Frühjahr können Sie nach diesem Rezept auch eine Bärlauchsuppe zubereiten. Dafür ersetzen Sie die Kräuter durch die gleiche Menge abgespülten, trocken getupften und klein geschnittenen Bärlauch.

Zubereitungszeit: 30 Minuten

4 Portionen • Pro Portion:
E: 9 g, F: 29 g, Kh: 12 g, kJ: 1418, kcal: 341, BE: 1,0

Steckrübensuppe mit Salami und Blattpetersilie
Sahniger Genuss

Für die Suppe: 400 g Steckrübe • 200 g Möhren • 1 Zwiebel •
3 Schalotten • 100 g Salami am Stück • 3 EL Butter • 1 l heiße Fleischbrühe • 150 g Crème fraîche • Salz • gem. Pfeffer
Zum Garnieren: 1 Bund glatte Petersilie

1. Steckrübe und Möhren putzen, schälen, abspülen, abtropfen lassen
und in etwa 1 ½ cm große Würfel schneiden.

2. Zwiebel und Schalotten abziehen, halbieren und in Scheiben schneiden. Salami in etwa 1 cm große Würfel schneiden.

3. 1 Esslöffel Butter in einem Topf zerlassen und die Zwiebelscheiben
darin andünsten. Steckrüben- und Möhrenwürfel hinzugeben und etwa
5 Minuten unter gelegentlichem Rühren mitdünsten.

4. Brühe hinzufügen und zum Kochen bringen. Die Zutaten zugedeckt
etwa 15 Minuten bei schwacher Hitze kochen lassen.

5. In der Zwischenzeit die restliche Butter in einer Pfanne zerlassen. Salamiwürfel und Schalottenscheiben darin anbraten. Petersilie abspülen,
trocken tupfen und die Blättchen von den Stängeln zupfen. Blättchen in
feine Streifen schneiden.

6. Die Suppe von der Kochstelle nehmen. Crème fraîche unterrühren
und die Suppe mit einem Stabmixer pürieren. Suppe mit Salz und Pfeffer abschmecken.

7. Die Steckrübensuppe in tiefen Tellern oder Suppentassen verteilen.
Salamiwürfel, Schalottenscheiben und Petersilienstreifen daraufgeben
und servieren.

Tipps: Salzen Sie die Suppe
sparsam, da der Schinken
zusätzliche Würze bringt. Dazu
schmeckt knuspriges Baguette
oder rustikales Bauernbrot.

Zubereitungszeit: 25 Minuten

4 Portionen • Pro Portion:
E: 21 g, F: 4 g, Kh: 16 g, kJ: 882, kcal: 211, BE: 1,5

Maistopf mit Paprika
Fettarmer Genuss – mit Alkohol

Für die Suppe: 500 ml (½ l) heiße Gemüsebrühe • 285 g abgetropfter Gemüsemais (aus der Dose) • 300 g gut abgetropfter Tunfisch (naturell, aus der Dose) • 3 EL Zitronensaft • 125 ml (⅛ l) trockener Weißwein • 1 Knoblauchzehe • 1 Zwiebel • 2 rote Paprikaschoten • 10 g Butter • Paprikapulver, rosenscharf • Salz • 1 TL grüner Pfeffer (aus dem Glas)

1. Gemüsebrühe in einen Topf geben. Mais, Tunfisch, Zitronensaft und Weißwein hinzugeben und zugedeckt zum Kochen bringen. Die Suppe etwa 8 Minuten bei schwacher Hitze kochen lassen.

2. In der Zwischenzeit Knoblauch und Zwiebel abziehen, sehr fein würfeln. Paprikaschoten halbieren, entstielen, entkernen, die weißen Scheidewände entfernen. Die Schoten abspülen, abtropfen lassen und auf einem Hobel in feine Streifen hobeln oder in feine Streifen schneiden.

3. Butter in einer Pfanne zerlassen. Knoblauch-, Zwiebelwürfel und Paprikastreifen etwa 3 Minuten darin andünsten.

4. Das Gemüse in die Suppe geben und unterrühren. Suppe mit Paprika, Salz und grünem Pfeffer abschmecken.

5. Den Maistopf in tiefen Tellern oder Suppentassen verteilen und heiß servieren.

Tipps: Suppe mit zerbröselten Taco-Chips bestreuen. Anstatt frischer Paprika können Sie sehr gut Paprikastreifen aus dem Glas verwenden.

Ersetzen Sie den Weißwein durch 125 ml (⅛ l) Gemüsesaft. Geben Sie dann den Saft unter Punkt 4 in die Suppe.

Zubereitungszeit: 20 Minuten

4 Portionen • Pro Portion:
E: 32 g, F: 30 g, Kh: 21 g, kJ: 2210, kcal: 528, BE: 1,5

Allgäuer Käsesuppe
Vegetarischer Genuss – mit Alkohol

Für die Suppe: 200 g Weißbrot • 750 ml (¾ l) heiße Gemüsebrühe • 400 g ger. Allgäuer Emmentaler • 250 ml (¼ l) trockener Weißwein • Salz • Zucker • fein gehackte Kräuter, z. B. Petersilie, Dill, Kerbel

1. Für die Suppe vom Weißbrot die Rinde entfernen und beiseitelegen. Brot in Würfel schneiden und in einen Topf geben. Heiße Brühe hinzugießen und kurz aufkochen lassen. Den Topf von der Kochstelle nehmen. Die Suppe mit einem Stabmixer pürieren.

2. Den Käse langsam nach und nach unter die Suppe rühren. Weißwein hinzugießen. Die Suppe erhitzen (nicht kochen lassen, sonst gerinnt der Käse), mit Salz und Zucker abschmecken.

3. Die Käsesuppe in tiefen Tellern oder Suppentassen verteilen. Allgäuer Käsesuppe mit Kräutern bestreut servieren.

Tipps: Die Rinde ebenfalls in kleine Würfel schneiden, bei mittlerer Hitze in 1–2 Esslöffeln zerlassener Butter anrösten und auf die Suppe geben. Möchten Sie die Suppe alkoholfrei zubereiten, ersetzen Sie den Weißwein durch die gleiche Menge Gemüsebrühe. Geben Sie 1–2 Teelöffel Preiselbeeren (aus dem Glas) auf die Suppe.

Für Erwachsene geben Sie wie beim Käsefondue 2 cl Kirschwasser zum Schluss in die Suppe.

Zubereitungszeit: 25 Minuten

4 Portionen • Pro Portion:
E: 13 g, F: 9 g, Kh: 34 g, kJ: 1161, kcal: 276 , BE: 2,5

Sommerliches Ratatouille
Vegetarisch – zum Sattessen

Für die Suppe: 300 g Porree (Lauch) • 300 g Fenchelknollen •
250 g Möhren • 2 Stangen Staudensellerie • 1 TL Fenchelsamen •
3 EL Olivenöl • 2 EL TK-Zwiebelwürfel • 1 TL Kräuter der Provence,
getrocknet • 100 g Perlgraupen (mittel) • 1 l heiße Gemüsebrühe •
1 Lorbeerblatt • Salz • gem. Pfeffer • einige Stängel frischer Thymian •
450 ml stückige Tomaten (aus der Dose) • 400 g TK-Rosenkohl •
Kräutersalz

1. Für die Suppe Porree putzen, die Stangen längs halbieren, gründlich
waschen und abtropfen lassen. Porree in Scheiben schneiden und beiseitestellen.

2. Fenchelknollen putzen, abspülen, abtropfen lassen und halbieren.
Den harten Mittelteil entfernen, Fenchelhälften in Würfel schneiden.
Möhren putzen, schälen, abspülen, abtropfen und in Scheiben schnei-
den. Staudensellerie putzen und die harten Außenfäden abziehen.
Sellerie abspülen, abtropfen lassen und in Scheiben schneiden.

3. Fenchelsamen in einem Mörser zerdrücken.

4. Olivenöl in einem großen Topf erhitzen, Zwiebelwürfel darin hellgelb
andünsten. Fenchelsamen, Kräuter der Provence, vorbereitete Fenchel-
würfel, Möhren- und Staudenselleriescheiben hinzugeben und unter
Rühren andünsten. Perlgraupen, Gemüsebrühe und Lorbeerblatt hinzugeben und zum Kochen bringen. Mit Salz und Pfeffer würzen. Die Zutaten zugedeckt bei mittlerer Hitze etwa 8 Minuten kochen lassen.

5. Thymian abspülen und trocken tupfen. Die Blättchen von den Stängeln zupfen und beiseitelegen.

6. Tomatenstücke, Porreescheiben und Rosenkohl in die Suppe geben.
Die Suppe wieder zum Kochen bringen und zugedeckt weitere etwa
10 Minuten kochen lassen. Die Suppe mit Kräutersalz und Pfeffer
würzen. Sommerliches Ratatouille in tiefen Tellern oder Suppentassen
verteilen, mit Thymianblättchen bestreut servieren.

Tipps: Möchten Sie frischen
Rosenkohl verwenden, verlängert sich die Zubereitungs- und
Garzeit. Statt der Perlgraupen
schmecken auch vorgegarte Wei-
zenkörner im Eintopf sehr gut.

Kinder können Sie mit Mini-
Gnocchi (250–300 g) in der würzigen Gemüsesuppe begeistern.
Wenn Sie kleine Kartoffelknödel
aus dem Frischepack verwenden,
müssen diese nur noch kurz in
der Suppe miterhitzt werden.

Zubereitungszeit: 25 Minuten

4 Portionen • Pro Portion:
E: 21 g, F: 32 g, Kh: 15 g, kJ: 1793, kcal: 429, BE: 1,0

Hackfleisch-Tandoori-Suppe
Genau das Richtige für kalte Tage

Für die Suppe: 1 EL Olivenöl • 300 g Rindergehacktes • 1 Knoblauch-zehe • 1 TL Tomatenmark • Salz • gem. Pfeffer • 1–2 TL Tandoori-Gewürz (Pulver oder Paste aus dem Glas) • 800 ml heiße Gemüsebrühe • 500 g vorbereitetes Kürbisfruchtfleisch (z. B. Butternut, gelber Zentner oder Hokkaido) • 250 g TK-Blumenkohlröschen • 1 Bund Frühlings-zwiebeln • 200 g Schlagsahne • 4 TL Crème fraîche

1. Für die Suppe Olivenöl in einem Topf erhitzen. Hackfleisch hinzuge-ben und unter Rühren anbraten, dabei die Fleischklümpchen mit einer Gabel zerdrücken.

2. Knoblauch abziehen, in kleine Würfel schneiden und hinzugeben. Tomatenmark unterrühren und mit anbraten. Die Hackfleischmasse mit Salz, Pfeffer und Tandoori-Gewürz würzen. Brühe hinzugießen und zum Kochen bringen.

3. Kürbisfruchtfleisch in 1–2 cm große Würfel schneiden. Kürbiswürfel und die gefrorenen Blumenkohlröschen in die Suppe geben, wieder zum Kochen bringen. Die Zutaten bei schwacher Hitze etwa 10 Minuten kochen lassen.

4. Frühlingszwiebeln putzen, abspülen, abtropfen lassen und in Schei-ben schneiden. Frühlingszwiebelscheiben und Sahne in die Suppe geben und unterrühren. Die Suppe wieder zum Kochen bringen und weitere etwa 5 Minuten kochen lassen. Mit Salz und Pfeffer abschme-cken.

5. Die Hackfleisch-Tandoori-Suppe in tiefen Tellern oder Suppentassen verteilen und mit je 1 Teelöffel Crème fraîche garnieren.

Tipps: Dazu schmeckt türkisches Fladenbrot oder indische Brotfla-den (Chapatis). Haben Sie Reste von gekochtem Reis, können Sie ihn gut in die Suppe geben. Die Hackfleisch-Tandoori-Suppe wird dann noch sättigender.

Statt der fertigen Tandoori-Würz-mischung können Sie die Suppe auch mit Curry, Chiliflocken, Paprikapulver, Gewürznelken, Lorbeerblatt, Cumin und Piment abschmecken. Frische Koriander-blättchen geben der Suppe eine indisch-orientalische Note. Für Kinder können Sie stattdessen Petersilie verwenden.

Zubereitungszeit: 25 Minuten

4 Portionen • Pro Portion:
E: 20 g, F: 32 g, Kh: 37 g, kJ: 2176, kcal: 523, BE: 3,0

Schwedische Kartoffel-Köttbullar-Suppe
Beliebt bei Kindern – gut vorzubereiten

Für die Suppe: 1 Zwiebel • 700 g mehligkochende Kartoffeln •
2 EL neutrales Speiseöl (z. B. Rapsöl) • 125 g TK-Suppengemüse •
125 g TK-Erbsen • 1 Lorbeerblatt • 1 l heiße Gemüsebrühe • Salz •
gem. Pfeffer • ger. Muskatnuss • 1 EL gehackter Dill (frisch oder TK) •
1 EL Butter oder Margarine • 350 g gebratene Fleischklößchen (aus
dem Kühlregal – ersatzweise 3 feine, frische Bratwürste, etwa 300 g) •
200 g Porree (Lauch) • 175 g Doppelrahm-Frischkäse
Zum Garnieren: 1 EL gehackter Dill (frisch oder TK)

Tipps: Wenn's mal noch viel
schneller gehen soll oder muss:
Suppengemüse, Erbsen und
Zwiebeln andünsten, mit Brühe
ablöschen, 5 Minuten kochen
lassen. Dann 2 Beutel Kartoffel-
püreepulver (für je 3 Portionen)
einrühren, 2 Minuten kochen
lassen. Frischkäse unterrühren,
abschmecken und servieren.

Lecker schmeckt die Suppe statt
mit angebratenen Porreeringen
auch mit fertig gekauften Röst-
zwiebeln (aus der Dose).

Möchten Sie die Köttbullar selbst
zubereiten, können Sie gewürztes
Mett mit angefeuchteten Händen
zu kleinen Klößchen formen und
wie beschrieben braten. Haben
Sie Zeit, bereiten Sie davon eine
größere Menge zu und frieren Sie
sie portionsweise ein. So haben
Sie eine schnelle Reserve für das
nächste Mal.

1. Für die Suppe Zwiebel abziehen und fein würfeln. Kartoffeln schälen,
abspülen, abtropfen lassen und in etwa 1 cm große Würfel schneiden.

2. Speiseöl in einem großen Topf erhitzen. Gefrorenes Suppengemüse und Zwiebelwürfel darin unter Wenden anbraten. Kartoffelwürfel,
gefrorene Erbsen und Lorbeerblatt hinzugeben, kurz mit andünsten.
Gemüsebrühe hinzugießen und zum Kochen bringen. Mit Salz, Pfeffer
und Muskat würzen. Dill hinzugeben. Die Zutaten zugedeckt bei mittlerer Hitze etwa 12 Minuten kochen lassen.

3. In der Zwischenzeit Butter oder Margarine in einer Pfanne zerlassen.
Fleischklößchen darin anbraten (bei Verwendung von TK-Klößchen auf
die Herstellerangabe achten; Bratwurstbrät in kleinen Klößchen direkt
aus der Haut drücken, etwa 3 Minuten braten).

4. Porree putzen, die Stange längs halbieren, gründlich waschen und
abtropfen lassen. Porree in feine Scheiben schneiden und zu den
Fleischklößchen in die Pfanne geben. Die Zutaten weitere etwa 4 Minuten braten. Mit Salz, Pfeffer und Muskat würzen.

5. Lorbeerblatt entfernen. Kartoffeln in der Suppe mit einem Kartoffel-
stampfer zerdrücken, sodass noch kleine Stückchen erkennbar sind.
Anschließend den Frischkäse unterrühren. Die Cremesuppe mit Salz,
Pfeffer und Muskat abschmecken und in tiefen Tellern oder Suppentas-
sen verteilen. Köttbullar-Porree-Mischung mit einem Löffel hineingeben.
Mit gehacktem Dill garnieren.

Zubereitungszeit: 30 Minuten

4 Portionen • Pro Portion:
E: 6 g, F: 6 g, Kh: 20 g, kJ: 661, kcal: 157, BE: 1,5

Fenchelsuppe mit Knoblauchbrot
Mediterraner Genuss – fettarm

Für die Suppe: 3–4 Schalotten (etwa 100 g) • 2–3 Fenchelknollen (etwa 800 g) • 2 EL Olivenöl • 1 l heiße Gemüsebrühe • Salz • gem. Pfeffer
Zum Garnieren: 1–2 EL gehackte Petersilie • 1 TL Fenchelsamen
Für das Knoblauchbrot: 1 Knoblauchzehe • 100 g Stangenweißbrot

1. Für die Suppe Schalotten abziehen und fein würfeln. Von den Fenchelknollen die Stiele dicht oberhalb der Knollen abschneiden, dabei etwas Fenchelgrün abzupfen und beiseitelegen. Dunkle Stellen entfernen. Die Knollen abspülen, abtropfen lassen und vierteln. Fenchelviertel in Streifen schneiden.

2. Olivenöl in einem Topf erhitzen. Schalottenwürfel darin unter gelegentlichem Rühren andünsten. Fenchelstreifen hinzugeben und unter Rühren 2–3 Minuten mit andünsten. Brühe hinzugießen, mit Salz und Pfeffer würzen. Die Zutaten zum Kochen bringen und zugedeckt etwa 15 Minuten bei schwacher Hitze kochen lassen.

3. Den Backofen vorheizen.
Ober-/Unterhitze: etwa 200 °C
Heißluft: etwa 180 °C

4. Inzwischen für das Knoblauchbrot Knoblauch abziehen und halbieren. Das Brot in 8–12 dünne Scheiben schneiden. Brotscheiben auf einen Rost legen, in den vorgeheizten Backofen schieben und von jeder Seite 2–3 Minuten leicht bräunen. Brotscheiben vom Rost nehmen und mit den Knoblauchhälften einreiben.

5. Die Suppe mit einem Stabmixer vorsichtig pürieren, sodass sie noch etwas stückig ist. Suppe mit Salz und Pfeffer abschmecken.

6. Fenchelsuppe in Suppentassen verteilen und mit den Kräutern garnieren. Fenchelsamen daraufgeben. Das Knoblauchbrot dazureichen.

Tipp: Zum Rösten eignet sich sehr gut Brot, das schon einen Tag alt ist, da es sich besser dünn schneiden lässt und durch das Rösten wieder wunderbar knusprig wird. Statt der Schalotten können Sie auch 2 mittelgroße Zwiebeln verwenden. Mögen Sie keinen Knoblauch, bestreichen Sie die Brotscheiben vor dem Rösten dünn mit Olivenöl oder zerlassener Butter und bestreuen sie vor dem Servieren mit etwas Kräutersalz.

Zubereitungszeit: 20 Minuten

4 Portionen • Pro Portion:
E: 37 g, F: 22 g, Kh: 3 g, kJ: 1512, kcal: 365, BE: 0,0

Kokossuppe mit Huhn und Koriander
Exotischer Genuss

Für die Suppe: 500 ml (½ l) heiße Hühnerbrühe • 500 ml (½ l) Kokosmilch • 1 rote Chilischote • Saft von ½ Limette • 2 Hühnerbrüste (ohne Haut und Knochen, etwa 600 g) • 4 Kaffir-Limettenblätter (aus dem Asia-Laden) • Salz • gem. Pfeffer • ½ Bund Koriander

1. Für die Suppe Hühnerbrühe und Kokosmilch in einen Topf geben und aufkochen lassen.

2. In der Zwischenzeit die Chilischote halbieren, entstielen und entkernen. (Anschließend unbedingt gründlich die Hände waschen, damit nichts versehentlich in die Augen gerät!) Schotenhälften abspülen, trocken tupfen und in feine Streifen schneiden. Limettensaft und Chilistreifen zu der Kokosbrühe in den Topf geben.

3. Die Hühnerbrüste unter fließendem kalten Wasser abspülen, mit Küchenpapier trocken tupfen, quer in dünne Scheiben schneiden und etwa 10 Minuten in der Suppe bei schwacher Hitze gar ziehen lassen. Die Limettenblättchen abspülen, trocken tupfen und in die Suppe geben. Mit Salz und Pfeffer abschmecken.

4. Koriander abspülen und trocken tupfen. Die Blättchen von den Stängeln zupfen (einige Blättchen zum Garnieren beiseitelegen). Blättchen klein schneiden und in die Suppe geben.

5. Kokossuppe in tiefen Tellern oder Suppentassen verteilen und mit den beiseitegelegten Korianderblättchen garnieren.

Tipps: Servieren Sie die Suppe mit Fladenbrot. Kaffir-Limettenblätter gibt es tiefgefroren im Asia-Laden. Als Ersatz können Sie gemahlenes Zitronengras verwenden. Möchten Sie die Suppe sättigender, geben Sie vor dem Servieren 2–3 Esslöffel gegarten Basmatireis in die Suppe.

Zubereitungszeit: 30 Minuten

4 Portionen • Pro Portion:
E: 8 g, F: 5 g, Kh: 11 g, kJ: 546, kcal: 130, BE: 1,0

Pizzasuppe
Fettarm – vegetarisch

Für die Suppe: 800 g geschälte Tomaten (aus der Dose) • 250 ml (¼ l) heiße Gemüsebrühe • 3 gelbe Paprikaschoten • 1 kleine Stange Porree (Lauch) • 180 g abgetropfte Champignonscheiben (aus dem Glas) • 75 g Kräuter-Schmelzkäse oder Kräuter-Frischkäse • Salz • gem. Pfeffer • gerebelter Oregano • 2 Stängel Basilikum

1. Für die Suppe Tomaten mit der Flüssigkeit in einen großen Topf geben und pürieren. Brühe hinzugeben, zum Kochen bringen.

2. In der Zwischenzeit die Paprikaschoten halbieren, entstielen, entkernen und die weißen Scheidewände entfernen. Die Schotenhälften abspülen, abtropfen lassen und in Streifen schneiden. Paprikastreifen in den Topf geben und die Zutaten wieder zum Kochen bringen.

3. In der Zwischenzeit Porree putzen, die Stange längs halbieren, gründlich waschen und abtropfen lassen. Porreestange in dünne Streifen schneiden. Porreestreifen in den Topf geben, wieder zum Kochen bringen und etwa 12 Minuten zugedeckt unter gelegentlichem Rühren bei schwacher Hitze kochen lassen. Die Champignonscheiben hinzugeben und kurz miterhitzen.

4. Schmelz- oder Frischkäse mit etwas Suppe in einer kleinen Schüssel glatt rühren, dann unter die restliche Suppe rühren. Die Suppe mit Salz, Pfeffer und Oregano abschmecken. Die Suppe nicht mehr kochen lassen, damit der Käse nicht gerinnt.

5. Basilikum abspülen und trocken tupfen. Die Blättchen von den Stängeln zupfen. Die Suppe in tiefen Tellern oder Suppentassen verteilen und mit Basilikumblättchen bestreut servieren.

Tipp: Servieren Sie dazu Ciabatta.

Zubereitungszeit: 25 Minuten

4 Portionen • Pro Portion:
E: 32 g, F: 30 g, Kh: 36 g, kJ: 2301, kcal: 549, BE: 2,5

Griechische Kartoffelcremesuppe
Preiswert – zum Sattessen

Für die Klößchen: 2 Knoblauchzehen • 400 g Gehacktes (halb Rind-, halb Schweinefleisch) • 1 Ei (Größe M) • 3 EL Semmelbrösel • Salz • gem. Pfeffer • 1 Prise gem. Zimt • 1 Prise gem. Cumin (Kreuzkümmel) • 1 EL Olivenöl

Für die Suppe: 250 g Gemüsezwiebeln • 700 g mehligkochende Kartoffeln • 1 Lorbeerblatt • 1 l heiße Gemüsebrühe • 3–4 EL Zitronensaft • 100 g Cocktailtomaten • 125 g milder Fetakäse • 4 EL schwarze Oliven in Ringen (aus dem Glas) • ½ Bund Basilikum • 2 Stängel frische Minze

1. Für die Klößchen Knoblauch abziehen. 1 Zehe durch eine Knoblauchpresse in eine Schüssel drücken. Gehacktes, Ei, Semmelbrösel, Salz, Pfeffer, Zimt und Kreuzkümmel hinzufügen. Die Zutaten gut verkneten. Aus der Masse mit angefeuchteten Händen kleine Klößchen formen. Olivenöl in einem Topf erhitzen, Klößchen darin von allen Seiten anbraten, herausnehmen und warm stellen.

2. Für die Suppe Zwiebeln abziehen, halbieren und in feine Würfel schneiden. Kartoffeln schälen, abspülen, abtropfen lassen und ebenfalls fein würfeln. Restliche Knoblauchzehe in Scheiben schneiden.

3. Zwiebeln und Knoblauchscheiben in dem Topf im verbliebenen Bratfett kräftig anbraten. Kartoffelwürfel und Lorbeerblatt hinzugeben und kurz mit andünsten. Mit Salz und Pfeffer würzen. Gemüsebrühe und Zitronensaft hinzugießen, wieder zum Kochen bringen. Die Kartoffelwürfel bei mittlerer Hitze etwa 12 Minuten kochen lassen, bis sie zerfallen.

4. In der Zwischenzeit Tomaten abspülen, abtrocknen, vierteln, evtl. die Stängelansätze herausschneiden. Fetakäse zerbröseln, Olivenringe abtropfen lassen. Basilikum und Minze abspülen, trocken tupfen. Die Blättchen von den Stängeln zupfen. Blättchen klein schneiden.

5. Lorbeerblatt entfernen. Kartoffelsuppe mit einem Schneebesen gut durchrühren. Klößchen hinzugeben und in der Suppe kurz erhitzen. Mit den Gewürzen abschmecken. Die Suppe mit Tomaten, Käse und Oliven garnieren und sofort servieren.

Tipps: Anstelle des frischen Basilikums können Sie auch 3 Esslöffel TK-Basilikum verwenden. Frische Minze kann durch ½–1 Teelöffel getrocknete Minze ersetzt werden.

Wer es sich einfacher machen möchte, brät das Hackfleisch im Topf krümelig an und würzt es dann. Mit Kartoffeln, Zwiebeln, Gemüsebrühe und restlichen Zutaten als Eintopf kochen und servieren.

Paprika-Chili-Suppe mit Käse-Crostinis
Vegetarischer Genuss

Für die Suppe: 500 g rote Paprikaschoten • 1 große Zwiebel •
1 Knoblauchzehe • 40 g Butter • 30 g brauner Zucker • 400 ml passierte
Tomaten (aus der Dose) • 300 ml Apfelsaft • 400 ml heiße Gemüse-
brühe • Salz • gem. Pfeffer • ½ gestr. TL mildes Currypulver •
1–2 Prisen grob geschroteter Chili
Für die Käse-Crostinis: 100–200 g weicher Edelpilzkäse ohne
Rinde (z. B. Gorgonzola) • gem. Pfeffer • 1–2 Msp. abgeriebene
Zitronenschale • 4–6 Scheiben Vollkorn-Toast oder Weizenmischbrot
Zum Verfeinern: 150 g Crème fraîche

Tipps: Für die Suppe können Sie
auch bereits geröstete, rote Paprikahälften aus dem Glas verwenden. Die Paprikahälften abtropfen
lassen, nur kurz anschmoren und
dann im Suppenfond etwa 5 Minuten kochen lassen. Für Kinder
die Crostinis mit mildem Frischkäse bestreichen.

Sehr gut zu der Suppe schmeckt
frittierter Salbei. Dazu frische Sal-
beiblätter abspülen und trocken
tupfen. 2 Esslöffel Olivenöl in einer
kleinen Pfanne erhitzen. 1 Esslöffel Butter darin zerlassen. Die Sal-
beiblätter hinzugeben. knusprig
ausbraten, herausnehmen und auf
Küchenpapier abtropfen lassen.

1. Paprikaschoten halbieren, entstielen, entkernen und die weißen
Scheidewände entfernen. Schotenhälften abspülen, abtropfen lassen
und nach Belieben mit einem Sparschäler schälen. Schotenhälften grob
würfeln. Zwiebel und Knoblauch abziehen, in feine Würfel schneiden.

2. Butter in einem Topf zerlassen. Zwiebel- und Knoblauchwürfel hinzugeben und glasig dünsten. Zucker daraufstreuen und karamellisieren
lassen.

3. Paprikawürfel hinzugeben, etwa 2 Minuten mit andünsten. Tomaten,
Apfelsaft und Brühe hinzugießen und zum Kochen bringen. Mit Salz,
Pfeffer, Curry und Chili würzen. Die Zutaten bei schwacher Hitze etwa
10 Minuten kochen lassen, anschließend pürieren.

4. In der Zwischenzeit für die Käse-Crostinis den Käse in eine kleine
Schüssel geben. Mit einer Gabel zerdrücken, dabei Pfeffer und Zitronenschale unterarbeiten, beiseitestellen.

5. Die Paprika-Chili-Suppe mit Crème fraîche verfeinern und nochmals
abschmecken.

6. Brotscheiben im Toaster goldbraun rösten. Sofort 2-mal diagonal
durchschneiden und mit der Käsemischung bestreichen. Paprika-Chili-
Suppe in tiefen Tellern verteilen und die Käse-Crostinis auf die Suppe
oder an den Rand des Tellers legen.

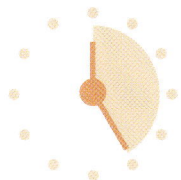

Zubereitungszeit: 25 Minuten

4 Portionen • Pro Portion:
E: 16 g, F: 5 g, Kh: 19 g, kJ: 773, kcal: 184, BE: 1,0

Sauerscharfe Asiasuppe
Exotisch – vegetarisch

Für die Suppe: 20 g frischer Ingwer • 1 Knoblauchzehe • 2 Stängel
Zitronengras • 2 Kaffir-Limettenblätter (erhältlich im Asia-Laden) •
2 mittelgroße Möhren (etwa 200 g) • 1 l heiße Gemüsebrühe •
1–2 kleine, rote Chilischoten • 1 Bund Frühlingszwiebeln • 150 g Shiitake-
Pilze (ersatzweise rosé Champignons) • 150 g Zuckerschoten •
300 g Tofu, natur • 1–2 Limetten • Sojasauce

1. Ingwer schälen, Knoblauch abziehen, in feine Scheiben schneiden.
Zitronengras putzen, äußere Blätter entfernen, abspülen, abtropfen lassen
und in grobe Stücke schneiden. Zitronengrasstücke etwas aufklopfen
(siehe S. 73, Tipp). Limettenblätter abspülen und abtropfen lassen. Möhren
putzen, schälen, abspülen, abtropfen lassen und in feine Stifte schneiden.

2. Gemüsebrühe in einem Topf zum Kochen bringen. Möhrenstifte,
Ingwer- und Knoblauchscheiben, Zitronengrasstücke und Limettenblätter
hinzugeben, wieder zum Kochen bringen.

3. In der Zwischenzeit Chilischoten abspülen, abtropfen lassen, entstielen, entkernen und längs aufschneiden. Schotenhälften in die Suppe
geben. (Anschließend unbedingt gründlich die Hände waschen, damit
nichts versehentlich in die Augen gerät!) Die Suppe etwa 10 Minuten
zugedeckt bei schwacher Hitze kochen lassen.

4. In der Zwischenzeit die Frühlingszwiebeln putzen, abspülen, abtropfen lassen und schräg in Scheiben schneiden. Pilze putzen, evtl. kurz
kalt abspülen, trocken tupfen und ebenfalls in Scheiben schneiden. Von
den Zuckerschoten die Enden abschneiden, evtl. abfädeln. Zuckerschoten abspülen, abtropfen lassen und schräg halbieren. Tofu abtropfen
lassen, in etwa 2 cm große Würfel schneiden. Limetten halbieren und
den Saft auspressen.

Tipp: Kaffir-Limettenblätter gibt
es tiefgefroren im Asia-Laden. Als
Ersatz können Sie gemahlenes
Zitronengras verwenden. Nach
Belieben auch körnig gekochten
Reis oder Asia-Instant-Nudeln
(Mie-Nudeln) dazu servieren.

5. Die Suppe mit Sojasauce und Limettensaft würzen. Frühlingszwiebeln, Pilze, Zuckerschoten und Tofu hinzugeben und in der Suppe bei
schwacher Hitze etwa 7 Minuten gar kochen lassen. Suppe mit Sojasauce abschmecken und in Suppentassen verteilen.

Zubereitungszeit: 30 Minuten

4 Portionen • Pro Portion:
E: 18 g, F: 16 g, Kh: 15 g, kJ: 1152, kcal: 276, BE: 1,0

Curry-Suppentopf
Fruchtig scharfer Genuss

Für die Suppe: 250 g Putenschnitzel • 1 kleine Zwiebel • 1 kleine Stange Porree (Lauch, etwa 150 g) • 2 EL Butterschmalz • 1 leicht geh. EL Currypulver • 2 EL Weizenmehl • 1 l heiße Hühnerbrühe • 1 Apfel (etwa 150 g) • Saft von ½ Zitrone • Salz • gem. Pfeffer • 2–3 EL Crème fraîche

1. Putenschnitzel unter fließendem kalten Wasser abspülen, trocken tupfen und in etwa 2 cm große Würfel schneiden. Zwiebel abziehen und klein würfeln. Porree putzen, die Stange längs halbieren, gründlich waschen, abtropfen lassen und in Streifen schneiden.

2. Butterschmalz in einem Topf zerlassen. Die Fleischwürfel darin von allen Seiten leicht anbraten und herausnehmen. Zwiebelwürfel und Porreestreifen in dem verbliebenen Bratfett andünsten.

3. Die Fleischwürfel wieder in den Topf geben, mit Curry und Mehl bestäuben, gut unterrühren. Hühnerbrühe hinzugießen. Die Suppe zum Kochen bringen und zugedeckt etwa 20 Minuten unter gelegentlichem Rühren bei schwacher Hitze kochen lassen.

4. Den Apfel waschen, abtrocknen, vierteln, entkernen und in schmale Spalten schneiden. Apfelspalten mit Zitronensaft beträufeln.

5. Die Suppe mit Salz und Pfeffer würzen. Crème fraîche unterrühren. Apfelspalten vor dem Servieren in die Suppe geben und kurz miterhitzen.

Tipps: Lecker schmeckt die Suppe auch mit abgetropften Ananasstücken oder Cocktailobst (aus der Dose). Statt Putenschnitzel können Sie auch Hähnchenbrustfilets verwenden.

Zubereitungszeit: 30 Minuten

4 Portionen • Pro Portion:
E: 4 g, F: 9 g, Kh: 35 g, kJ: 983, kcal: 234, BE: 3,0

Glasnudelsuppe mit Porree
Vegetarischer Genuss – fettarm

Für die Suppe: 2 Stangen Porree (Lauch, etwa 300 g) • 150 g Asia-Nudeln, z. B. Glas-, oder Reisnudeln • 2 EL Butter • 750 ml (¾ l) heiße Gemüsebrühe • ½ Bund Zitronenmelisse • 3 EL Sojasauce • Saft von ½ Zitrone • Salz • gem. weißer Pfeffer • Cayennepfeffer

1. Für die Suppe Porree putzen, die Stangen längs halbieren, gründlich waschen, abtropfen lassen und in feine Streifen schneiden.

2. Nudeln nach Packungsanleitung garen, in einem Sieb abtropfen lassen und mit einer Küchenschere klein schneiden.

3. Butter in einem Topf zerlassen. Porreestreifen darin andünsten. Brühe hinzugießen und zum Kochen bringen. Porreestreifen zugedeckt etwa 5 Minuten bei schwacher Hitze kochen lassen.

4. In der Zwischenzeit die Zitronenmelisse abspülen und trocken tupfen. Die Blättchen von den Stängeln zupfen. Einige Blättchen zum Garnieren beiseitelegen. Restliche Blättchen klein schneiden.

5. Nudeln, Sojasauce und Zitronensaft zu den Porreestreifen in den Topf geben. Die Suppe aufkochen lassen, mit Salz, Pfeffer und Cayennepfeffer abschmecken. Kurz vor dem Servieren klein geschnittene Zitronenmelisse unterrühren.

6. Die Suppe in tiefen Tellern oder Suppentassen verteilen und mit den beiseitegelegten Zitronenmelisseblättchen garnieren.

Tipps: Zusätzlich 200 g abgetropfte Sojasprossen (aus dem Glas) in die Suppe geben.

Wer mag, kann kleine Mett- oder Geflügelklößchen oder Streifen vom Kochschinken in die Suppe geben.

Zubereitungszeit: 30 Minuten

4 Portionen • Pro Portion:
E: 2 g, F: 18 g, Kh: 8 g, kJ: 857, kcal: 207, BE: 0,5

Scharfe Kokossuppe mit Mango
Vegetarischer Genuss – fruchtig

Für die Suppe: 2 Schalotten • 2 Knoblauchzehen • 2 Stängel Zitronengras (erhältlich im Asialaden) • 2 grüne Chilischoten • ½ Bund Koriander • 2–3 EL Speiseöl • 4–5 TL grüne Currypaste • 250 ml (¼ l) ungesüßte Kokosmilch • 750 ml (¾ l) heiße Gemüsebrühe • Salz
Für die Einlage: 1 rote Chilischote • 1 kleiner, roter Apfel • Saft von 1 Limette • ½ Mango

Tipps: Zitronengras wird in Asien zwar mitserviert, ist aber in Stücken nicht zum Verzehr gedacht. Das Zitronengras möglichst frisch kaufen oder ersatzweise getrocknetes Zitronengras (Gewürzregal) verwenden. Zitronengras vor der Verwendung auf einem Küchenbrett aufschlagen (z. B. mit einem Kochlöffelstiel oder einem Küchenhammer), damit es sein intensives Aroma abgeben kann.

Currypasten gibt es in rot, grün und gelb – außerdem von mild bis scharf, wobei bereits die „milde" Sorte für ungeübte Europäer ganz schön feurig schmeckt. Angebrochene Currypasten halten sich im Kühlschrank mehrere Monate.

1. Für die Suppe die Schalotten und den Knoblauch abziehen, in kleine Würfel schneiden. Zitronengras abspülen, trocken tupfen und in etwa 3 cm lange Stücke schneiden.

2. Die Chilischoten längs halbieren, entstielen und entkernen. Schotenhälften abspülen, abtropfen lassen und klein würfeln. (Anschließend unbedingt gründlich die Hände waschen, damit nichts versehentlich in die Augen gerät!) Koriander abspülen, trocken tupfen. Die Blättchen abzupfen, einige Blättchen beiseitelegen. Blättchen klein schneiden.

3. Speiseöl in einem Topf erhitzen. Zitronengrasstücke, Schalotten-, Knoblauch- und Chiliwürfel darin andünsten. Die Currypaste hinzugeben und kurz mit andünsten. Kokosmilch und Gemüsebrühe hinzugießen. Den geschnittenen Koriander unterrühren. Die Suppe mit Salz würzen, zum Kochen bringen und etwa 5 Minuten bei schwacher Hitze kochen lassen.

4. Für die Einlage inzwischen die Chilischote wie unter Punkt 2 beschrieben vorbereiten. Den Apfel waschen, abtrocknen, vierteln, entkernen, dabei den Blütenansatz und den Stiel entfernen. Apfelviertel in kleine Würfel schneiden und mit Limettensaft beträufeln. Von der Mangohälfte den Stein herauslösen. Die Mangohälfte schälen und ebenfalls klein würfeln.

5. Die Suppe nochmals mit den Gewürzen abschmecken, Zitronengras entfernen. Kokossuppe in tiefen Tellern verteilen. Chili-, Apfel- und Mangowürfel auf die Suppe geben und mit Korianderstängeln garnieren.

Zubereitungszeit: 25 Minuten

4 Portionen • Pro Portion:
E: 39 g, F: 12 g, Kh: 66 g, kJ: 2315, kcal: 551, BE: 5,0

Pikante orientalische Tomaten-Zwiebel-Suppe
Für Gäste – mit Alkohol

Für den Couscous: 500 ml (½ l) heiße Gemüsebrühe • 200 g Couscous
Für die Suppe: 2 Knoblauchzehen • 300 g Gemüsezwiebeln • 265 g abgetropfte, abgespülte Kichererbsen (aus der Dose) • 400 g Putenmedaillons • 3 EL Olivenöl • Salz • gem. Pfeffer • je 1 Prise frisch gem. Cumin (Kreuzkümmel) und Koriander • grob geschroteter Chili • je 3 Gewürznelken und Pimentkörner • 2 Lorbeerblätter • 100 ml trockener Rotwein • 600 ml Gemüsebrühe • 400 g stückige Tomaten (aus der Dose) • 125 g getrocknete Pflaumen ohne Stein
Zum Garnieren: 1–2 Stängel Minze

1. Für den Couscous Gemüsebrühe in einem Topf zum Kochen bringen. Couscous einstreuen und auf der ausgeschalteten Kochstelle zugedeckt etwa 10 Minuten quellen lassen.

2. Für die Suppe Knoblauch und Zwiebeln abziehen. Knoblauch fein würfeln, Zwiebeln in Scheiben schneiden, dann in Ringe teilen. Putenmedaillons kurz abspülen und gut trocken tupfen.

3. Olivenöl in einem Topf erhitzen. Putenmedaillons darin von beiden Seiten anbraten, herausnehmen und zugedeckt warm stellen.

Tipps: Möchten Sie auf den Alkohol verzichten, erhöhen Sie die Menge der Brühe entsprechend. Sie können die Suppe auch mit Tunfischfilet-Stückchen anrichten. Dazu etwa 400 g Tunfisch abspülen, trocken tupfen und in etwa 2 cm große Würfel schneiden. Die Tunfischwürfel kurz vor dem Servieren in 2 Esslöffeln Olivenöl unter Wenden bei starker Hitze etwa ½ Minute anbraten. Mit Salz und Pfeffer kräftig würzen. Tunfisch nur kurz braten, sonst wird der feine Fisch schnell trocken und hart.

4. Knoblauchwürfel und Zwiebelringe im verbliebenen Bratfett andünsten. Mit Salz, Pfeffer, Cumin, Koriander und Chili würzen. Gewürznelken, Pimentkörner und Lorbeerblätter hinzugeben. Rotwein hinzugießen und bei starker Hitze etwas einkochen lassen. Gemüsebrühe und Tomaten hinzugeben. Die Zutaten wieder zum Kochen bringen und bei schwacher Hitze etwa 10 Minuten kochen lassen.

5. In der Zwischenzeit die Pflaumen in feine Würfel schneiden. Kichererbsen, Pflaumenwürfel und Putenmedaillons in die Suppe geben. Weitere etwa 5 Minuten kochen lassen. Suppe mit Salz und Pfeffer abschmecken.

6. Couscous in tiefen Tellern verteilen. Suppe daraufgeben und mit abgespülter und trocken getupfter Minze garnieren.

Zubereitungszeit: 25 Minuten

4 Portionen • Pro Portion:
E: 19 g, F: 25 g, Kh: 26 g, kJ: 1689, kcal: 404, BE: 2,0

Sellerie-Apfel-Suppe mit Wasabi
Für Gäste – mit feiner Schärfe

Für die Suppe: 500 g junger Knollensellerie • 350 g mehligkochende Kartoffeln • 180 g Staudensellerie • 1 Zwiebel • 250 g säuerliche Äpfel (etwa 2 Stück) • 2 EL Butter oder Margarine • Salz • gem. Pfeffer • 1 l heiße Gemüsebrühe • 250 g geräuchertes Fischfilet, z. B. Forelle, Lachsforelle oder Lachs • 150 g Schlagsahne • 4–5 TL Wasabi-Pulver (ersatzweise Meerrettich aus dem Glas) • 2–3 EL Zitronensaft

1. Für die Suppe Knollensellerie und Kartoffeln schälen, abspülen, abtropfen lassen und in etwa 1 cm große Würfel schneiden. Staudensellerie putzen und die harten Außenfäden abziehen. Das zarte Grün beiseitelegen. Selleriestangen abspülen, abtropfen lassen und in feine Scheiben schneiden. Zwiebel abziehen und in feine Würfel schneiden.

2. Äpfel heiß abwaschen, abtropfen lassen, halbieren und entkernen. Stängelansätze und Blüten entfernen. Die Hälfte der Äpfel in feine Spalten schneiden. Butter oder Margarine in einem Topf zerlassen, Apfelspalten darin anbraten, herausnehmen und beiseitestellen.

3. Knollensellerie- und Kartoffelwürfel, Staudensellerriescheiben und Zwiebelwürfel im Bratfett unter Wenden etwa 4 Minuten andünsten. Mit Salz und Pfeffer würzen. Gemüsebrühe hinzugießen, zum Kochen bringen und etwa 12 Minuten bei schwacher Hitze kochen.

4. Restliche Apfelhälften in Stücke schneiden und in die Suppe geben, weitere etwa 3 Minuten bei schwacher Hitze kochen lassen.

5. In der Zwischenzeit Fischfilet in mundgerechte Stücke zupfen oder in Streifen schneiden und beiseitestellen.

6. Die Suppe mit einem Stabmixer pürieren. Sahne hinzugießen und kurz aufkochen. Wasabi-Pulver mit etwas Wasser glatt rühren. Suppe mit Salz, Pfeffer, Wasabimischung und Zitronensaft abschmecken.

Tipp: Die Suppe schmeckt auch lecker mit Kasseler-Aufschnitt oder geräuchertem Schinken.

7. Selleriegrün abspülen, trocken tupfen und fein schneiden. Die Suppe mit dem Fisch, angebratenen Apfelspalten und Selleriegrün anrichten.

Zubereitungszeit: 30 Minuten

4 Portionen • Pro Portion:
E: 37 g, F: 31 g, Kh: 54 g, kJ: 2695, kcal: 643, BE: 4,5

Orientalische Möhren-Sesam-Suppe
Genuss wie in 1001 Nacht

Zum Vorbereiten für die Bifteki: 50 g Bulgur (Hartweizengrütze) •
125 ml (⅛ l) heiße Gemüsebrühe
Für die Suppe: 2 Knoblauchzehen • 3 EL Olivenöl • 2 EL TK-
Zwiebelwürfel • 2 EL geschälte Sesamsamen • 1 Lorbeerblatt •
je 3 Gewürznelken und Pimentkörner • je 1 Prise gem. Koriander
und Cumin (Kreuzkümmel) • 1 Prise grob geschrotete Chiliflocken •
750 g TK-Möhrenscheiben • 750 ml (¾ l) heiße Gemüsebrühe •
Salz • gem. Pfeffer • 480 g abgetropfte, abgespülte Kichererbsen
(aus Dosen) • 200 ml passierte Tomaten (aus der Dose)
Für die Bifteki: 400 g Rindergehacktes • 1 Ei (Größe M) • 1 Prise
grob geschroteter Chili • 1 Prise gem. Zimt • 40 g Rosinen
Außerdem: 4–8 Holzspieße (etwa 10 cm lang)

1. Bulgur und Brühe in einem Topf bei schwacher Hitze 8 Minuten
kochen. Bulgurmasse herausnehmen, etwas abkühlen lassen.

2. Für die Suppe Knoblauch abziehen, würfeln. 2 Esslöffel des Öls in
einem Topf erhitzen. Zwiebelwürfel, die Hälfte des Knoblauchs und
Sesam darin andünsten. Gewürze und TK-Möhren hinzugeben, kurz
mitdünsten lassen. Brühe hinzugießen, zum Kochen bringen. Mit Salz
und Pfeffer würzen. Etwa 10 Minuten garen.

Tipps: Die Suppe nach Belieben
mit abgespülten und trocken getupften Salbeiblättchen garnieren.
Soll oder muss es einmal schneller gehen, ersetzen Sie die
Bifteki-Röllchen durch 400 g Gyrosfleisch (aus der Fleischtheke).
Dafür das Gyrosfleisch in einer
Pfanne anbraten und zuletzt in
die fertige Möhrensuppe geben.
Möchten Sie ganz sicher gehen,
dass Sie alle Gewürze gut aus der
Suppe herausbekommen, geben
Sie sie in einen Einmal-Teefilter-
beutel, den Sie fest verschließen.

3. In der Zwischenzeit Bulgur mit Gehacktem, Ei, Salz, Pfeffer, Chili und
Zimt zu einem glatten Teig verkneten. Rosinen unterarbeiten. Aus der
Masse kleine 6–7 cm lange Röllchen formen. Restliches Olivenöl er-
hitzen. Hackfleischröllchen darin von allen Seiten braun braten.

4. Lorbeerblatt, Nelken und Piment aus der Brühe entfernen. Etwa zwei
Drittel der Möhren mit einem Schaumlöffel aus der Suppe nehmen,
beiseitestellen. Passierte Tomaten zu den Möhren in den Topf geben,
zum Kochen bringen. Die Suppe pürieren und abschmecken. Kichererbsen und beiseitegestellte Möhren hinzugeben, zum Kochen bringen,
unter Rühren nochmals etwa 3 Minuten kochen. Die Bifteki auf Spieße
stecken. Suppe in Tellern verteilen. Spieße an den Tellerrand legen.

4 Portionen • Pro Portion:
E: 10 g, F: 11 g, Kh: 13 g, kJ: 826, kcal: 197, BE: 1,0

Pikante Sommersuppe
mit Salsa und Knusperschinken
Fruchtig frisch

Zum Vorbereiten: 100 g Schinken in dünnen Scheiben (z. B. Schwarz-
wälder oder Parmaschinken)
Für die Suppe: 500 g Joghurt (3,5 % Fett), gut gekühlt • 250 ml (¼ l)
kräftige Brühe, gut gekühlt • 2 EL Olivenöl • Salz • gem. Pfeffer •
1–2 EL Zitronensaft • 1 Prise feiner, brauner Zucker
Für die Salsa: 120 g Tomaten • je 2–3 Stängel Minze und glatte
Petersilie • 2 reife Pfirsiche oder Nektarinen (etwa 280 g) • 1 Prise grob
geschroteter Chili

1. Den Backofen vorheizen.
Ober-/Unterhitze: etwa 220 °C
Heißluft: etwa 200 °C

2. Zum Vorbereiten Schinkenscheiben auf einem Backblech (mit Back-
papier belegt) verteilen. Das Backblech in den vorgeheizten Backofen
schieben. Schinkenscheiben etwa 10 Minuten knuspig rösten.

3. Das Backblech auf einen Kuchenrost stellen. Schinkenscheiben vorsichtig vom Backblech nehmen und auf Küchenpapier abtropfen lassen.

Tipps: Ist Ihnen die Zubereitung
der Schinkenscheiben im Backofen zu aufwendig, können Sie
sie auch in einer Pfanne ohne Fett
rösten. Dazu die Schinkenscheiben in die heiße Pfanne geben
und unter gelegentlichem Wenden
knuspig rösten.

Statt mit Pfirsichen oder Nektarinen können Sie die pikante Salsa
auch mit aromatischem Melo-
nenfruchtfleisch (z. B. Charentais-
Melone) zubereiten.

4. In der Zwischenzeit für die Suppe Joghurt mit Brühe, Olivenöl, Salz
und Pfeffer in einer Rührschüssel verschlagen. Joghurtsuppe mit Zitronensaft und Zucker würzen.

5. Für die Salsa Tomaten abspülen, abtrocknen, halbieren und die
Stängelansätze herausschneiden. Tomatenhälften fein würfeln. Kräuter
abspülen und trocken tupfen. Die Blättchen von den Stängeln zupfen.
Blättchen klein schneiden.

6. Pfirsiche oder Nektarinen abspülen, abtrocknen, halbieren und
entsteinen. Pfirsich- oder Nektarinenhälften fein würfeln. Tomatenwürfel und Kräuter unterheben. Mit Chili würzen. Salsa in 4 tiefen Tellern
verteilen, Joghurtsuppe hinzugießen. Die Schinkenscheiben daranlegen.
Dazu passt knuspriges Baguette.

Zubereitungszeit: 20 Minuten

4 Portionen • Pro Portion:
E: 5 g, F: 20 g, Kh: 4 g, kJ: 923, kcal: 221, BE: 0,0

Gurkensuppe mit Pfefferkäse
Vegetarisch – pikant

Für die Suppe: 1 mittelgroße Salatgurke (etwa 600 g) • 1 Bund Dill • 1 Knoblauchzehe • 375 ml (⅜ l) kalte Gemüsebrühe • 125 g Pfeffer-Frischkäse • 125 g Schlagsahne • Salz

1. Für die Suppe Gurke schälen und die Enden abschneiden. Gurke längs halbieren und in Stücke schneiden. Dill abspülen, trocken tupfen und die Spitzen von den Stängeln zupfen. Einige Dillspitzen zum Garnieren beiseitelegen. Knoblauch abziehen und vierteln.

2. Gemüsebrühe in eine Rührschüssel geben. Gurkenstücke, Dillspitzen, Knoblauch, Frischkäse und Sahne hinzugeben.

3. Die Zutaten mit einem Stabmixer sehr fein pürieren. Suppe bis zum Servieren zugedeckt in den Kühlschrank stellen.

4. Gurkensuppe in tiefen Tellern oder Suppentassen verteilen und mit Dillspitzen garnieren.

Tipps: Dazu schmeckt rustikales Bauernbrot ebenso gut wie Fladenbrot. Möchten Sie die Gurkensuppe gern noch schärfer, können Sie eingelegten, grünen Pfeffer aus dem Glas hinzugeben. Geben Sie einige Pfefferkörner auf die fertige Suppe. Das sieht nicht nur gut aus, sondern sorgt für ein fein pfeffriges Aroma und eine angenehme Schärfe. Auch rosa Beeren, auf die fertige Suppe gestreut, sorgen für ein besonderes Aroma.

Zubereitungszeit: 30 Minuten

4 Portionen • Pro Portion:
E: 6 g, F: 14 g, Kh: 24 g, kJ: 1046, kcal: 251, BE: 2,0

Gazpacho
Vegetarisch – beliebt

Für die Suppe: 4 Scheiben Weißbrot (vom Vortag) • 1 grüne Paprikaschote (etwa 150 g) • 1 Salatgurke (etwa 400 g) • 2 Schalotten • 1 Tomate • 800 g geschälte Tomaten (aus der Dose) • 50 ml Olivenöl • 3 EL Weißweinessig • Salz • gem. Pfeffer • etwas Zucker

1. Für die Suppe zwei Scheiben Weißbrot fein würfeln, die restlichen Scheiben in etwas kaltem Wasser einweichen.

2. Paprikaschote halbieren, entstielen, entkernen, die weißen Scheidewände entfernen. Schotenhälften abspülen und abtropfen lassen. Die Gurke schälen und die Enden abschneiden. Schalotten abziehen. Tomate abspülen, abtropfen lassen, halbieren und den Stängelansatz herausschneiden.

3. Paprikaschotenhälften, Gurke, Schalotten und Tomatenhälften fein würfeln. Von den Paprika-, Gurken- und Tomatenwürfeln 4 Esslöffel zum Garnieren beiseitestellen.

4. Tomaten aus der Dose mit der Flüssigkeit in eine Rührschüssel geben. Das eingeweichte Brot ausdrücken, mit Öl und Essig zu den Tomaten geben. Die Zutaten mit einem Stabmixer pürieren. Gemüsewürfel nach und nach hinzugeben und so lange pürieren, bis eine cremige Suppe entstanden ist.

5. Suppe mit Salz, Pfeffer und Zucker würzen und bis zum Servieren in den Kühlschrank stellen.

6. Die Gazpacho in tiefen Tellern oder Suppentassen verteilen und mit den beiseitegestellten Gemüse- und Brotwürfeln garnieren.

Tipp: Geben Sie nach Belieben einige Olivenringe auf die Suppe. Anstelle von Essig können Sie auch Rotwein oder Zitronensaft verwenden. Rösten Sie die Brotwürfel in einer Pfanne unter Zugabe von 1 Esslöffel Olivenöl an. Drücken Sie 1 abgezogene Knoblauchzehe durch eine Knoblauchpresse und geben Sie sie in die Suppe. Möchten Sie gern Kräuter zugeben, eignet sich Thymian sehr gut. Dafür einige Stängel Thymian abspülen, trocken tupfen und die Blättchen von den Stängeln zupfen. Thymianblättchen auf der Suppe verteilen. Getrockneten Thymian geben Sie schon vor dem Pürieren in die Suppe. So kann er etwas einweichen und sein mediterranes Aroma entfaltet sich gut.

4 Portionen • Pro Portion:
E: 3 g, F: 1 g, Kh: 43 g, kJ: 851, kcal: 203, BE: 3,5

Kalte Melonensuppe
Fettarm – mit Alkohol

Für die Suppe: 200 ml Gemüsebrühe • 2 gestr. EL Speisestärke •
350 ml Multivitaminsaft • 50 ml Portwein • 1 reife Honigmelone
(etwa 1 kg) • ½ rote Paprikaschote (etwa 100 g) • einige Stängel Minze

1. Brühe in einem Topf erhitzen. Speisestärke mit etwas von dem
abgemessenen Multivitaminsaft verrühren, dabei darauf achten, dass
keine Klümpchen entstehen. Angerührte Speisestärke unter Rühren zu
der Brühe in den Topf geben und aufkochen. Den Topf von der Kochstelle nehmen. Mit einem Schneebesen nach und nach den restlichen
Multivitaminsaft und den Portwein unterrühren. Die Suppe in eine
Schüssel umfüllen und in den Kühlschrank stellen.

2. Honigmelone vierteln, die Kerne mithilfe eines Löffels herauskrat-
zen. Das Fruchtfleisch aus der Schale lösen und in Stücke schneiden.
Honigmelonenstücke in einen Rührbecher geben und mit einem Stabmixer pürieren. Melonenpüree in den Kühlschrank stellen.

3. Paprikaschotenhälfte abspülen, abtropfen lassen, weiße Scheidewände entfernen. Schotenhälften in feine Würfel schneiden.

4. Minze abspülen, trocken tupfen, die Blättchen von den Stängeln
zupfen und in Streifen schneiden.

5. Melonenpüree und Suppe miteinander verrühren. Paprikawürfel und
Minzestreifen unterrühren. Die Suppe bis zum Servieren in den Kühlschrank stellen.

6. Die kalte Melonensuppe in tiefen Tellern oder Suppentassen verteilen
und gut gekühlt servieren.

Tipp: Stechen Sie mit einem
Kugelausstecher einige Melonen-
kugeln aus der Melone aus und
geben Sie sie in die Suppe. Schön
sehen auch Kugeln aus unterschiedlichen Melonensorten (z. B.
Wasser- oder Cantaloupemelone)
aus. Geben Sie zusätzlich feine
Würfel von Serranoschinken in die
Suppe.

Zubereitungszeit: 15 Minuten

4 Portionen • Pro Portion:
E: 11 g, F: 17 g, Kh: 14 g, kJ: 1089, kcal: 260, BE: 0,5

Joghurtsuppe mit gebratenen Knoblauch-Artischocken
Vegetarisch – mediterran

Für die Suppe: 1 Salatgurke • 700 g Joghurt (3,5 % Fett) • 300 ml kalte Gemüsebrühe • Salz • gem. Pfeffer • 1–2 EL Zitronensaft • 1 Prise brauner Zucker • 4 EL Olivenöl • 1 Knoblauchzehe • 480 g gut abgetropfte Artischockenherzen (aus Dosen) • je 4–5 Stängel frischer Dill, Minze und etwas Borretsch (ersatzweise 2–3 EL TK-gemischte Kräuter) • 2 Tomaten

1. Für die Suppe Gurke schälen und die Enden abschneiden. Gurke grob würfeln, in einen hohen Rührbecher geben und mit einem Stabmixer fein pürieren.

2. Gurkenpüree in eine hohe Schüssel geben. Zunächst Joghurt unterrühren und glatt rühren. Anschließend Brühe hinzugeben und mit einem Schneebesen sorgfältig verrühren. Joghurtsuppe mit Salz, Pfeffer, Zitronensaft, Zucker und 2 Esslöffeln Olivenöl abschmecken. Die Suppe zugedeckt in den Kühlschrank stellen.

3. Knoblauch abziehen und in feine Scheiben schneiden. Artischockenherzen halbieren.

4. Restliches Olivenöl in einer Pfanne erhitzen. Artischockenhälften und Knoblauchscheiben darin unter Wenden kräftig anbraten. Mit Salz und Pfeffer würzen, beiseitestellen.

5. Kräuter abspülen und trocken tupfen. Die Blättchen von den Stängeln zupfen. Blättchen klein schneiden. Tomaten abspülen, abtrocknen und die Stängelansätze herausschneiden. Tomaten halbieren und in etwa ½ cm große Würfel scheiden. Tomatenwürfel beiseitestellen.

6. Kräuter in die Suppe geben und unterrühren. Die Suppe mit Salz und Pfeffer abschmecken.

7. Die Joghurtsuppe in tiefen Tellern verteilen. Lauwarme Artischockenherzen und Tomatenwürfel in die Suppe geben und servieren.

Tipps: Servieren Sie zu der Suppe Fladenbrot. Statt der Artischocken schmecken auch gebratene Kartoffelspalten sehr gut in der Suppe. Dafür 400 g kleine Kartoffeln schälen, abspülen, abtropfen lassen, in Spalten schneiden. Kartoffelspalten in einer Pfanne mit 1 Esslöffel Olivenöl zugedeckt etwa 15 Minuten braten.

Borretsch schmeckt sehr intensiv, dosieren Sie ihn vorsichtig. Die blauen Borretschblüten wirken als zusätzliche Garnierung in der Suppe sehr schön. Mögen Sie den Geschmack von Borretsch nicht so gern, können Sie ihn einfach weglassen.

Zubereitungszeit: 25 Minuten

4 Portionen • Pro Portion:
E: 8 g, F: 8 g, Kh: 18 g, kJ: 766, kcal: 183, BE: 1,5

Gemüsesuppe „Zack Zack"
So bunt wie gesund – vegetarisch

Für die Suppe: 1 mittelgroße Möhre • 1 gelbe Paprikaschote •
1 Zucchini (etwa 200 g) • 1 mittelgroße Zwiebel • 1 Knoblauchzehe •
3 EL Olivenöl • 500 ml (½ l) heiße Gemüsebrühe • 400 g geschälte
Tomaten (aus der Dose) • 250 g abgetropfte, weiße Bohnen (aus der
Dose) • Salz • gem. Pfeffer • 3–4 Stängel Kräuter, z. B. Oregano,
Basilikum, Thymian

1. Möhre putzen, schälen, abspülen, abtropfen lassen und in Würfel
schneiden. Paprikaschote halbieren, entstielen, entkernen und die
weißen Scheidewände entfernen. Schotenhälften abspülen, abtropfen
lassen und ebenfalls in Würfel schneiden. Zucchini abspülen, abtrocknen und die Enden abschneiden. Zucchini in feine Scheiben schneiden.

2. Zwiebel und Knoblauch abziehen, halbieren und fein würfeln.

3. Olivenöl in einem Topf erhitzen. Zwiebel- und Knoblauchwürfel hinzugeben und kurz andünsten. Möhren- und Paprikawürfel sowie Zucchini-
scheiben hinzugeben und unter Rühren etwa 2 Minuten mitdünsten.
Gemüsebrühe und geschälte Tomaten mit der Flüssigkeit hinzugeben.
Die Zutaten zum Kochen bringen und zugedeckt bei schwacher Hitze
etwa 10 Minuten kochen lassen.

4. In der Zwischenzeit die Kräuter abspülen, trocken tupfen und die
Blättchen von den Stängeln zupfen. Blättchen evtl. klein schneiden.

5. Weiße Bohnen zu der Suppe in den Topf geben. Die Gemüsesuppe
weitere etwa 5 Minuten bei schwacher Hitze kochen lassen.

6. Gemüsesuppe mit Salz und Pfeffer würzen. Suppe in tiefen Tellern
oder Suppentassen verteilen und mit den Kräutern bestreut servieren.

Tipps: Servieren Sie dazu knuspriges Ciabatta-Brot. Möchten Sie
die Gemüsesuppe etwas schärfer,
schmecken Sie sie mit Paprikapulver und etwas Chili ab. Geben
Sie vor dem Servieren geriebenen
Käse oder 1–2 Teelöffel Crème
fraîche auf die Suppe.

Ratgeber

Suppen werden häufig als Vorspeise serviert und ergänzen ein Hauptgericht. In diesem Buch finden Sie viele Rezepte, die sich dafür prima eignen. Einige Suppen sind gehaltvoller und sättigender. Sie können gut als leichtes Hauptgericht angeboten werden.

Brühe – ist die Grundlage vieler Suppen. Sie können Sie in pulverisierter oder gekörnter Instant-Form nach Packungsanleitung anrühren. Fonds aus dem Glas sollten für Suppen verlängert werden, da sie sehr konzentriert sind. Salzen Sie daher eher sparsam. Benötigen Sie heiße Suppen, hat es sich bewährt, das Wasser energiesparend im Wasserkocher zu erhitzen und damit die Brühe zuzubereiten. Wird kalte Brühe gebraucht, lösen Sie das Instant-Pulver in einer kleinen Menge kochendem Wasser auf und geben Sie dann nach und nach unter Rühren kaltes Wasser hinzu, so sparen Sie sich zeitraubende Abkühlzeiten.

Suppengrün – wird in vielen Rezepten benötigt. Für die meisten Rezepte haben wir TK-Ware verwendet. Möchten Sie Suppengrün frisch dazugeben, benötigen Sie 1–2 Möhren, ein Stück Sellerieknolle, eine kleine Porreestange und etwas Petersilienwurzel. Besonders intensiv schmeckt die Brühe, wenn man die Zutaten vor dem Kochen kurz und kräftig anbrät.

Reste – bleibt mal was übrig (was bei diesen Rezepten eher unwahrscheinlich ist), stellen Sie die abgekühlten Reste unbedingt sofort in den Kühlschrank. Heben Sie Reste nicht länger als einen Tag auf. Die meisten Suppen enthalten Eiweiß wie Fleisch, Hülsenfrüchte oder Kartoffeln, sind daher sehr empfindlich und verderben äußerst schnell.

Suppeneinlagen

Was ist die feinste Suppe ohne eine leckere Einlage? Lassen Sie Ihrer Fantasie freien Lauf und probieren Sie neue Kombinationen aus. Viele der Suppen in diesem Buch haben schon im Rezept vielfältige Zutaten. Möchten Sie noch mehr Abwechslung, wählen Sie unter den folgenden Möglichkeiten:

Croûtons (geröstete Weißbrotwürfel)
3 Scheiben Toastbrot • 1 Knoblauchzehe • 30 g Butter oder 3 EL Olivenöl • Salz

- Toastbrot in kleine Würfel schneiden, evtl. vorher entrinden. Knoblauch abziehen und fein würfeln.
- Butter oder Öl in einer Pfanne auf mittlerer Stufe erhitzen. Die Brotwürfel darin unter gelegentlichem Wenden von allen Seiten knusprig braun braten.
- Knoblauchwürfel unter die Croûtons mischen und kurz mitrösten, aber nicht braun werden lassen (Knoblauch wird dann bitter). Croûtons salzen und kurz vor dem Servieren in die Suppe geben.

Eierstich
2 Eier (Größe M) • 125 ml (⅛ l) Milch • Salz • ger. Muskatnuss • heißes Wasser

- Eier mit Milch, Salz und Muskatnuss verschlagen. Die Eiermilch in eine gefettete, hitzebeständige, verschließbare Form füllen. Die Form verschließen, in einen Topf stellen und heißes Wasser angießen, bis die Form halb im Wasser steht. Den Topf verschließen und die Eiermilch bei schwacher Hitze 25–30 Minuten stocken lassen (das Wasser sollte sich nur leicht bewegen).
- Anschließend den Eierstich aus der Form lösen, stürzen und etwas abkühlen lassen. Den Eierstich in Rauten oder Würfel schneiden.
- Sie können auch 1 Esslöffel fein geschnittene Kräuter (z. B. Petersilie, Schnittlauch), fein geriebenen Käse, 1–2 Esslöffel Sojasauce oder Tomatenmark mit den Eiern verschlagen.

- Eierstich passt besonders gut als Einlage in klare Brühen und Suppen.
- Sie können den Eierstich auch in einem Mikrowellengerät zubereiten. Dafür die Eierstichmasse in eine gefettete, mikrowellengeeignete Glas- oder Porzellanschüssel geben, zudecken und dann etwa 8 Minuten bei etwa 450 Watt garen. Anschließend stürzen und in Würfel schneiden.

Geröstete Brotscheiben

1 Knoblauchzehe • 1 EL Butter oder Margarine • 4–5 Scheiben Stangenweißbrot

- Knoblauchzehe abziehen und durch eine Knoblauchpresse drücken.
- Butter oder Margarine bei mittlerer Hitze in einer Pfanne erhitzen, Knoblauch hinzufügen. Brotscheiben in die Pfanne legen und bei mittlerer Hitze unter Wenden braten (nicht zu heiß, sonst wird der Knoblauch bitter).

Grießklößchen

125 ml (⅛ l) Milch • 10 g Butter • Salz • ger. Muskatnuss • 50 g Grieß • 1 Ei (Größe M)

- Milch, Butter, Salz und Muskatnuss zum Kochen bringen. Von der Kochstelle nehmen und Grieß unter Rühren hineinstreuen.
- Zu einem glatten Kloß rühren, noch etwa 1 Minute erhitzen. Anschließend den heißen Kloß in eine Schüssel geben. Das Ei unterrühren.
- Aus der Masse mit zwei Teelöffeln Klößchen formen, in leicht siedendes Salzwasser oder leicht siedende Suppe geben, gar ziehen lassen (Flüssigkeit soll sich leicht bewegen). Nach etwa 5 Minuten sind die Grießklößchen gar.

Käseklößchen

4 EL Milch (3,5 %) • 10 g Butter oder Margarine • Salz • 60 g Weizenmehl • 25 g ger. Gouda, mittelalt • 1 Ei (Größe M) • gem. Pfeffer • ger. Muskatnuss • 1 l Salzwasser

- Milch, Butter oder Margarine und Salz in einem kleinen Topf zum Kochen bringen. Mehl auf einmal hineingeben und so lange kräftig rühren, bis sich die Masse als Kloß vom Topfboden löst.
- Topf vom Herd nehmen, zunächst den Gouda, dann das Ei unterrühren. Mit Pfeffer und Muskat würzen. Den Teig etwa 20 Minuten abkühlen lassen.
- Mit zwei Teelöffeln etwa 20 Klößchen abstechen, in leicht siedendem Salzwasser in 13–15 Minuten gar ziehen lassen.

Lust auf knackig-knusprige Toppings?
- Runden Sie Ihre Suppen mit unterschiedlichen Nusskernen oder Mandeln, gehackt oder gehobelt ab.
- Gut schmecken Kürbis- und Sonnenblumenkerne, Sesamsamen und Kokosraspel.
- Rösten Sie die Kerne oder Samen bei mittlerer Hitze unter Wenden in einer Pfanne ohne Fett, bis sie aromatisch duften. So entfalten Sie ihr Aroma besonders gut.
- Frische Kräuter sorgen für guten Geschmack, verlockendes Aussehen und Vitamine.
- Hobeln Sie Hartkäse wie Parmesan oder Manchego auf die Suppe.
- Besonders Kinder freuen sich, wenn sie aus unterschiedlichen Möglichkeiten frei wählen und ein wenig experimentieren dürfen.

Kapitelregister

Alphabetisches Register

Allgemeine Hinweise zu den Rezepten

Die Vorbereitung

Lesen Sie bitte vor der Zubereitung – besser noch vor dem Einkaufen – das Rezept einmal vollständig durch. Oft werden Arbeitsabläufe oder Zusammenhänge dann klarer.

Die Zubereitungszeit

Die Zubereitungszeit dient Ihrer Orientierung. Sie ist ein Richtwert und abhängig von Ihrer Kocherfahrung. Die Zubereitungszeit beinhaltet die Zeit der tatsächlichen Zubereitung. Wartezeiten, wie Auftau- und Durchziehzeiten sind, sofern parallel keine weitere Tätigkeit erfolgt, nicht in der Zubereitungszeit enthalten.

Die Gartemperatur und Garzeit

Die in den Rezepten angegebenen Gartemperaturen und -zeiten sind Richtwerte, die je nach individueller Hitzeleistung des Backofens über- oder unterschritten werden können. Bitte beachten Sie bei der Einstellung des Backofens die Gebrauchsanleitung des Herstellers. Ein Backofenthermometer eignet sich dabei gut, um die Backofentemperatur im Blick zu haben.

Die Nährwerte

Die Nährwerte sind auf die Einzelportionen bezogen. Die Portionszahl ist in jedem Rezept angegeben.

Die Abkürzungen

EL	= Esslöffel	ger.	= gerieben
TL	= Teelöffel	gestr.	= gestrichen
Msp.	= Messerspitze	TK	= Tiefkühlprodukt
Pck.	= Packung/Päckchen	°C	= Grad Celsius
g	= Gramm	Ø	= Durchmesser
kg	= Kilogramm	E	= Eiweiß
ml	= Milliliter	F	= Fett
l	= Liter	Kh	= Kohlenhydrate
evtl.	= eventuell	kJ	= Kilojoule
geh.	= gehäuft	kcal	= Kilokalorien
gem.	= gemahlen	BE	= Broteinheiten

Für Fragen, Vorschläge oder Anregungen stehen Ihnen der
Verbraucherservice der Dr. Oetker Versuchsküche
Telefon: 00800 71 72 73 74 Mo.–Fr. 8:00–18:00 Uhr,
Sa. 9:00–15:00 Uhr (gebührenfrei in Deutschland)
oder die Mitarbeiter des Dr. Oetker Verlages
Telefon: +49 (0) 521 52 06 42 Mo.–Fr. 9:00–15:00 Uhr zur Verfügung.
Oder schreiben Sie uns: Dr. Oetker Verlag KG, Am Bach 11, 33602 Bielefeld.
Besuchen Sie uns im Internet unter www.oetker-verlag.de oder www.oetker.de.

Umwelthinweis — Dieses Buch und der Einband wurden auf chlorfrei gebleichtem Papier gedruckt. Die Einschrumpffolie – zum Schutz vor Verschmutzung – ist aus umweltfreundlichem und recyclingfähigem PE-Material.

Copyright — © 2011 by Dr. Oetker Verlag KG, Bielefeld

Redaktion — Carola Hülshoff, Carola Reich

Titelfoto — Thomas Diercks, Hamburg

Innenfotos — Fotostudio Winkler, Bremen (S. 4, 5, 6, 7, 8, 9, 10, 11, 12, 13, 14, 15, 16, 17, 22, 26, 34, 36, 50, 52, 54, 62, 64, 66, 74–80, 88)
Fotostudio Diercks – Thomas Diercks/Kai Boxhammer/Christiane Krüger, Hamburg (S. 20, 24, 32, 38, 40, 44, 46, 58, 70, 72, 82, 84)
Ulli Hartmann, Halle/ Westf. (S. 28)
Bernd Lippert, (S. 68, 86)
Antje Plewinski, Berlin (S.42)
Norbert Toelle, Bielefeld (S. 60)
Brigitte Wegner, Bielefeld (S. 48)
Hans-Joachim Schmidt, Hamburg (S. 5, 18, 30, 56)

Foodstyling — Stevan Paul, Hamburg

Rezeptentwicklung und -beratung — Susanne Raht, Hamburg

Nährwertberechnungen — Nutri Service, Hennef

Grafisches Konzept — kontur:design GmbH, Bielefeld
Titelgestaltung — kontur:design GmbH, Bielefeld

Satz — kontur:design Gmbh, Bielefeld
Reproduktionen — Otterbach Medien KG GmbH & Co., Rastatt
Druck und Bindung — Druckerei Stürtz, Würzburg

ISBN: 978-3-7670-0849-6